新中国教育学家肖像

石中英 朱珊 主编

教育科学出版社
·北京·

序　言

　　石中英、朱珊主编《新中国教育学家肖像》是一项非常有意义的工作。该书收录的文章回忆了几十位教育学家，多数是老一辈的教育学家，个别是新中国培养起来的教育学家。他们均已过世，但他们都为新中国教育学科的建设做出了贡献。尤其是老一辈的教育学家，他们年轻时大多接受过良好的教育，并且有国外留学经历，眼界开阔、知识丰富。新中国成立初期，我国实行向苏联学习的一边倒政策，教育科学以苏联教育科学为蓝本，批判抛弃了一切西方教育理论。彼时，老一辈的教育学家没有能够发挥应有的作用。1978 年改革开放以后，教育科学迎来了春天。那时学界才重新审视和探索教育科学发展的路径，老一辈的教育学家也开始重新担负起培养青年学者的任务。1980年全国人大常委会通过了《中华人民共和国学位条例》，第一、第二批博士生导师几乎都是老一辈的教育学家。他们培养了我国第一批教育学博士，现在这批博士都已成为我国教育学领域的骨干。

　　我国老一辈教育学家是学贯中西、治学严谨、淡泊明志、心无旁骛、勤奋学习、追求真理的一代学人。有些教育学家虽然经历了一些磨难，但矢志不渝，坚持把发展中国特色的教育学科和培养人才作为己任。例如刘佛年先生，他曾担任华东师范大学校长，但与此同时，他从来没放弃研究学问、指导青年、培养人才的工作。我有一次到华东师范大学教育学系图书馆寻找资料，发现几乎所有图书后面都有刘佛年先生的借阅记录。又如王承绪先生，我每次邀请他到北京来参加博士论文答辩，他都是一下飞机就直奔国家图书馆，寻找新书，吸收新的知识。这种勤奋的精神着实令人感动。我和这本书中的许多老先生有过交往，在他们身上学到了许多东西，特别是他们勤学求真的精神，时时感动着我、激励着我。

老一辈的教育学家在我国教育学科发展进程中是继往开来的一代人。我国教育学科发展较晚，新中国成立以前，从事教育科学研究的学者很少。《新中国教育学家肖像》介绍的老一辈教育学家，大多在新中国成立前就在大学工作，有着深厚的中国文化教育底蕴，新中国成立后又接受了马克思主义思想的洗礼，为教育学科开辟了新路、培养了新一代教育学者，可以说是新中国教育学科建设的奠基人。

我一直想编一套丛书来收录老一辈教育学家的论文著作，2010 年曾在江苏教育出版社出版了一套，可惜只出版了九位老先生的论著，后来未能继续出版。《新中国教育学家肖像》虽然没有收入老先生们的论著，但给他们做了简单画像，更有他们的学生、同事等介绍他们的事迹、思想和精神，这真是一份宝贵的财富！这本书不仅是想表达对老一辈教育学家的缅怀之情，也可以说是给年轻教育学者的一本教科书。让我们继承老一辈教育学家的精神，继承他们未竟的事业，为构建中国特色社会主义教育理论体系而努力。

顾明远

2019 年 11 月 17 日

目　录

殚精研究　锐意发明

——忆孟宪承教授的治学精神①

先生小传②

孟宪承（1894—1967），字伯如，江苏武进人。我国现代著名教育家与教育理论家，华东师范大学首任校长。早年毕业于南洋公学中院和圣约翰大学，1918 年留学美国，在华盛顿大学学习，获教育学硕士学位。1921 年赴英国伦敦大学教育研究所深造，回国后，先后在东南大学、圣约翰大学、光华大学、清华大学、中央大学、北京师范大学、浙江大学等校任教。新中国成立后任华东军政委员会教育部部长、华东行政委员会教育局局长。1951 年任华东师范大学校长，并曾担任第一、第二、第三届全国人民代表大会代表，上海市第三、

---

① 原文刊发于《华东师范大学学报（教育科学版）》2007 年第 4 期，收入本书时略有修改。

② 先生小传由郑州大学教育学院讲师王哲先撰写。

第四届政治协商会议副主席，上海市教育学会会长等职务。孟宪承学贯中西，博古通今，在教育理论研究方面建树甚丰，著作等身，代表作有《教育概论》《教育通论》《西洋古代教育》《大学教育》《民众教育》《中国古代教育史资料》《中国古代教育文选》等。此外，还编写了《教育哲学》《中国教育史》《外国教育史》等教材，翻译了多种西方教育名著，如《思维与教学》《教育方法原论》《教育哲学大意》等。

先生箴言

　　大学是最高的学府：这不仅仅因为在教育的制度上，它达到了最高的一个阶段；尤其因为在人类运用他的智慧于真善美的探求上，在以这探求所获来谋文化和社会的向上发展上，它代表了人们最高的努力了。大学的理想，实在就含孕着人们关于文化和社会的最高的理想。

　　现代大学的理想：智慧的创获、品性的陶熔、民族和社会的发展。

一

在我读大学三年级时，孟老给我们班讲授外国教育史这门课，从1950年9月起，到1951年6月底止，前后共讲了24章，分为12个单元，上、下学期各讲6个单元。

这门课没有助教，孟老自己讲授并负责答疑。

孟老于1950年9月11日上午9时开讲，采用的课本是米丁斯基所写的《世界教育史》（生活·读书·新知三联书店1950年版）。孟老让我们在课前自读这本书，课上，他按照社会发展的规律，介绍与批判各个历史阶段的教育制度、主要教育家的事业及其思想，指出社会发展与教育发展的正确方向。1950年9月13日、15日、17日，孟老详细讲解了世界历史，特别是重大历史事件，必要时与中国历史联系起来讲。1950年9月20日他开始讲授各单元内容，但主要是讲教育思想，教育制度与学校发展的各章大都是布置我们自学课本。

课本结构如下：第一单元为原始社会的教育（自新石器时代开始，时间跨度为一万年），第二单元为希腊教育，第三单元为罗马教育，第四单元为中世纪教育，第五单元为人文主义（涉及文艺复兴与宗教改革），第六单元为实在主义，第七单元为18世纪法国的启蒙运动与革命，第八单元为19世纪后的法国教育，第九单元为19世纪后的德国教育，第十单元为 19 世纪后的英国教育，第十一单元为 19 世纪后的美国教育，第十二单元为苏联教育。

我们听课的学生都觉得，孟老讲希腊哲学家的教育思想，中世纪的教会教育与大学的兴起，近代教育家中的卢梭、裴斯泰洛齐、福禄贝尔，都精彩而详细。他在这门课上重点讲解了赫尔巴特的思想。孟老说，卢梭、裴斯泰洛齐、福禄贝尔、赫尔巴特都是西方近代教育史上的重要人物，近代教育学特别是教学论的一些重要主张，大多是这几个人提出的。卢梭把爱弥儿的教育分为四个阶段，以"回归自然"为特征。裴斯泰洛齐依据卢梭的理论，引申出"自然发展"的概念。这个概念成为以后许多教育家直至杜威所讲的教育目的。裴斯泰洛齐提倡"教育是调和的发展"，方法上讲直观，比夸美纽斯进了一步。福禄贝尔的教育目的也是"发展"，但含义比卢梭、裴斯泰洛齐深刻。他提出了"对立统一（即辩证）的发展"，讲"创造的活动"。赫尔巴特的教育思想体系则为旧教育学（指苏联新教育学出现以前的教育学）的最高峰。他首先提出"教育科学"，他的教育学说最系统，有严密的逻辑。

孟老以透彻的理论分析、充满激情的言辞，用 6 次课 12 学时，对赫尔巴特进行了充分的介绍。它是我大学学习中印象最深刻的长篇演讲。孟老讲课，深入浅出，说理透彻，逻辑性很强，滴水不漏。只要认真地如实记录，即成文章。根据我的笔记，光这一章即可整理出一万多字。

二

孟老于 1921 年 11 月从海外回来，先后在清华大学、北京师范大学、东南大学、中央大学、光华大学、圣约翰大学、江苏教育学院、湖南国立师范学院、浙江大学以及华东师范大学等十所大学任教，任教时长为 46 年。其中，他三次任教于浙江大学，时间段分别为：1929—1933 年，1938—1941 年，1946—1951 年，共 12 年多。

我到浙江大学学习时，孟老先后在浙江大学任教已有 10 年。10 年中的最后 3 年，我请益较多。1951 年他调到华东师范大学工作后，我或随从陈学恂先生拜访他，或自己去向他请教问题，也有五六次。以下，将个人交往中至今还记得或查明的片断记忆做简要介绍。

首先是关于读书。有一次，我请教他如何学马克思主义。他认为首先要读原著，说："恩格斯也是这样讲的。"[1] 他又说，要照恩格斯说的，要学习马克思"布下的龙种"，要防止上自称是马克思主义者而将"龙种"弄成"跳蚤"的人的当。[2] 他还说，最重要的经典著作要精读，例如恩格斯的《费尔巴哈与德国古典哲学的终结》。此外，他又推荐我读恩格斯的《〈自然辩证法〉导言》，说这篇文章说透了从机械自然观到辩证法自然观的过程，每一处都以自然科学的发展为根据。

有一次，他还向我介绍一些文史哲方面的论著。他推荐胡绳的《二千年间》，说这位党内学者是有名的"青年哲学家"，又是史学家。他还推荐我看看陈康（北京大学、西南联合大学教授，著名的希腊哲学专家）的《柏拉图"国家篇"中的教育思想》一文，说解读柏拉图，一般人达不到陈康的水平。对于一般的论著，孟老主张有选择地看。有一次，我问他当时流行的一本教育论著如何，他说，没看过。过一会儿说："以省目力。"

---

① 恩格斯在 1890 年 9 月致约·布洛赫的信中说："我请你根据原著来研究这个理论（指唯物史观），而不要根据第二手的材料来进行研究——这的确要容易得多。"
② 见恩格斯 1890 年 8 月 27 日给保·拉法格的信。

孟老对当代人很少臧否，但听说他对认真读书、扎实做研究的人常表赞赏。在华东师范大学，他敬重他的挚友吕思勉先生，两人交谈甚欢。对中年哲学家冯契，孟老也颇器重，说他读的书多，是金岳霖的学生，兼学中外哲学。对在浙江时遇到的党内学者俞铭璜①，他也表示过好感，说这个共产党干部好学、平实。

在外国教育思想家中，孟老最推崇赫尔巴特和杜威。他说，这两个人在西方教育思想家中产生的影响最大、最深远。两人都形成了自己的理论体系，有自己的哲学、心理学、伦理学思想，并且都办过实验学校。当然，两人都是大学教授，都"养尊处优"。

有一次谈到杜威，陈学恂先生也在座。孟老说："中国有几个人真懂杜威？"（据瞿葆奎老师说，这个问题孟老对曹孚先生也讲过）我听陈学恂先生私下说，孟老说过"两个半"。我曾试问过孟老，他笑而不言。"两个半"，一种理解是人少，另一种理解是有实指。最近，我曾在电话中与瞿葆奎老师谈到这个问题。如果实指，可能是谁呢？瞿葆奎先生说，胡适当是一个。我说，吴俊升②先生也可能是一个。半个是谁呢？瞿先生说："他自己谦虚，说他是半个吧！"我也同意。当然，这都只是我们的推测。

就外国教育家的思想，我请教过孟老多次。他说，弄清一位教育家的思想，一般的教育家，至少要花两年；论著多的教育家，两年还不够。我说：太难了，总有看不完的资料。他说备课、写文章，都只

①　俞铭璜，新中国成立后任中共浙江省委宣传部副部长，后调到南京大学任中文系主任，后又调到中共华东局宣传部任领导。其有"苏中才子"之称，30岁左右就出版过《新人生观》，该书在解放区为畅销书，47岁（1963年）因体弱多病和过于劳累而去世。匡亚明同志在《俞铭璜文集》序言中说，俞铭璜是"品德高尚""知识渊博""文采出众"的"青年马克思主义理论家"。

②　吴俊升，1901年生，国立东南大学学士，法国巴黎大学文科博士，著有《德育原理》《教育哲学大纲》《教育与文化论文选集》《增订约翰·杜威教授年谱》等书。

能是在选好题目后，先看最主要的资料，然后有初步构想，之后先写提纲，然后再看书，逐步增益。要是想看完所有资料再动笔，反而会无所适从。又说，写讲稿，写文章，都要简明精要，语言、逻辑都要为听者、读者着想，不能随意浪费人家的时间。马克思说，不给工人最好的作品，就等于犯罪。①

(金锵，浙江大学教育学院教授)

---

① 恩格斯在 1890 年 8 月写给康·施米特的信中说："……马克思认为自己的最好的东西对工人来说也还不够好，他认为给工人提供不是最好的东西，那就是犯罪！"

真正的学者

——追慕陈友松先生①

先生小传②

陈友松（1899—1992），湖北京山人。幼年从父亲、伯父诵习四书五经，后就读于教会所办的修善小学、武昌博文书院。毕业后，留学菲律宾马尼拉师范学院，时长为三年。1925—1926年复于菲律宾大学教育学院研习教育理论。回国后，曾任职于江西省教育厅、东方图书馆、西湖图书馆。1929年初赴美，先后进入加州大学、斯坦福大学及哥伦比亚大学师范学院学习，获博士学位。1935年学成回国后，先后任教于大夏大学、厦门大学、广东省立勷勤大学、惠水乡政学院、西南联合大学、湖北省立教育学院和北京大学，1952年

---

① 原文分上、中、下三篇，刊发于《中国教师》2011年第1、3、5期，经北京师范大学教育学部硕士研究生宁静贤整理后收入本书。
② 照片出自《梅花香自苦寒来：追忆舅舅陈友松》一文。

后任教于北京师范大学。主要专著有《中国教育财政之改进——关于其重建中主要问题的事实分析》《各国社会教育事业》《有声的教育电影》《苏联的教育》，主编了《教育学》一书，译著有《实用学生修学法》《教育财政学原论》《科南特教育论著选》《高等学校教学法》等。

先生箴言

大别嵯峨，大江激昂，山川相缪，是我家乡。清江河畔，五峰之阳，唯楚有才，爰胜甘棠。松柏桃李，计划周详，三户壮士，于兹发皇。春风时雨，我院之光，不厌不倦，勿忝勿忘。

筚路蓝缕，摧坚锄强，移风易俗，继绝存亡。立心立命，志大志刚，力行此训，领导发扬。日教日育，学海汪洋，新旧中西，取精用长。春风时雨，我院之光，不厌不倦，勿忝勿忘。

在中国现代学术史上，有一位深受后学爱戴、被誉为"真正的学者"的教育学家，他就是陈友松先生。

陈友松从小就聪慧勤敏，5岁始即从父诵四书五经，至9岁全部背诵完毕。这既奠定了他基本的传统文化根底，也养成了他善于记诵的习惯和超强的记忆力。他9岁后曾遭饥馑而辍学放牛，后又染病迁延3年。儿时的生活境况，正如他诗中所述："病难丛丛至，碎学岂不悲！"幸而一位卢姓牧师力促其父，于1915年送其至武昌教会所办的修善小学就读。同年冬，他以四省教会小学会考第一名的身份进入武昌博文书院读书。博文书院是一所既"洋气"又"古板"的学校，除了重视数、理、化、天文、地质等基本自然科学课程外，也重视中外语言、历史、文学的教学。因书院允许成绩优异者跳级，陈友松又以4年的时间修毕6年课程，以优异成绩毕业。陈友松在书院读书期间不仅接受了基本的西学训练，对传统的经、史、文之学的理解也进一步深化。

从博文书院毕业后，陈友松在英国教会牧师贾溥明的资助下，赴菲律宾留学。其间他结识了黄炎培、雷沛鸿诸先生，并在他们的影响下，立下了教育救国的志向。后来，他有机会在官方资助下留学哥伦比亚大学，并在5年内拿下了学士、硕士、博士学位。在国外学习期间，他始终秉持着教育救国的信念，潜心研究，并把博士论文锁定为《中国教育财政之改进》，以期解决中国当时的现实问题。撰写博士论文之前，为了收集有效的研究数据，他曾向教育部及各省份教育厅分别投寄了一份调查问卷。可是经过了漫长的 6 个月之后，却只收到 4 份回复，这使得他当时的研究工作几乎中止。但他没有放弃，凭着那股子倔劲儿，不断尝试各种方法，包括私人通信等，并在美国的各家图书馆之间奔走查找，终于在 1933 年底集齐了研究所必需的资料和数据，完成了对中国教育财政状况的实证分析。这是当时中国教育经济学研究的最高水平，杜威因此称赞他为"东亚一流学者"。著名的教育家、经济学家马寅初先生为他的书作序，序中写道："我确定无疑地相信，中国公共教育事业的从业者和正致力于使中国脱离贫穷和无知的深渊的政府领导人，必将认为这部坚实的力作具有很高的价值。"[1] 这番学习经历，为他以后在教育事业、翻译事业中大放光芒打下了坚实的基础。

获得博士学位后，陈友松本有机会留在美国，远离战火，拥有优越的工作和生活条件。但他没有忘记，自己远涉重洋就是为了有朝一日能够学有所成，拯救自己贫穷落后的祖国。于是，1935 年，他怀着强烈的爱国之情，回到了战火纷飞的祖国。回国后，怀揣着对祖国和未来的责任感，他立即投入到了国家的建设当中。1941 年，湖北省立教育学院成立。当时正值抗日战争最困难的时期。湖北省接近前线，交通不便，时时有敌机空袭。加之学院刚成立，教学条件极差，学生多思离去。他在1942 年临危受命，接掌了成立仅一年的湖北省立教育学院。上任后，他厘定宗旨，延请名师，撰写校歌，开展学校建设，培养了浓厚的学术气氛和良好的校风学风，为学院带来了新的生机。当时有一队美国飞行员偶然爬到五峰山顶，听到山下传来的钢琴声和歌声，甚是疑惑——这种

---

① 转引自陈琚理.我的父亲：记已故教育家陈友松先生［M］//方辉盛，何光荣.陈友松教育文集.北京：社会科学文献出版社，2009：685.

穷乡僻壤，怎么会有这样的音乐呢？和学院的学生交流之后，他们纷纷竖起了大拇指。他们没有想到，在遍地硝烟中竟然还有人创办了如此大规模、高水平的学院，更没想到能在这里听到熟悉的音乐，还有人可以用英语和他们对话。由于处在战争时期，在办学方针上，陈友松主张争取时间，早出人才，加强抗战力量，培养学生的爱国主义精神和民族自尊气概。他掌管学院后的第一件事，就是在校门口立起一座牌坊，"养天地正气，法古今完人"十个颜体大字分列牌坊两侧。寓意深远的十字院训让这所小小的学院拥有了顶天立地、继往开来的文化气概。在开学典礼上，他鼓励学生立大志："士何事？曰尚志。志何在？曰天下兴亡匹夫有责。我们要忧天下之忧，'楼船夜雪瓜洲渡，铁马秋风大散关'。这是我们这个时代的脉搏和命运！"① 在他的努力和众多名师的谆谆教诲下，学生和教职工纷纷情绪高涨、精神抖擞。沉寂的山城从此变了模样，五峰山麓的清晨、傍晚，总有三三两两的同学在树荫下诵读古诗文，练习着英文，谈论着时事。

陈友松为学院之发展尽心尽力，然而一年后却辞去了院长职务。促使他离去的主要原因，是他抗拒国民党对青年学生和教育事业的思想专制与政治压迫。在长期的传统文化熏陶以及个性自由思想的影响下，陈友松骨子里有一股不畏权势的刚正气概。当时，湖北省政府主席陈诚经常派人来调查学生。据陈友松的学生回忆说：有一次，正在上课，院长室秘书徐声和先生到教室向院长报告说："陈长官来了！"说完便退在旁边，听候指示。院长在教学告一段落时问："他来校有什么事？"徐答："来校看看。"直到下课铃响，他才从容迎宾。陈院长从此获得了"书呆子院长"的外号。陈友松先生曾说促使他辞职的

---

① 喻宜萱. 竭毕生之力于教育事业：忆陈友松院长［M］//方辉盛，何光荣. 陈友松教育文集. 北京：社会科学文献出版社，2009：645.

导火线是"在一次省城扩大会上，陈诚公开责骂教育学院两名左派学生闹事，当场宣布逮捕这两名学生，使我难堪。我想，这两个学生有什么罪过？我实在难以忍受，一怒之下，向张伯谨（时任湖北省教育厅长）提出辞职"。在他眼中，青年是国家的未来。任职院长的一年中，他不止一次保释过进步学生，甚至为了避免学生被送进监狱，不惜得罪国民党当局，两次更换学院的训导长。"一二·一"惨案爆发后，他目睹青年学生惨遭屠戮，更是"悲痛凄怆，愤慨激越"，发表了《吊潘李二同学》一文，以"沉沉怨气撼乾坤，白昼狰狞兽食人……五岳三江方怒吼，普天齐吊自由魂"的悲怆诗句，揭露独裁政权的狰狞面目，吊祭青年学生的抗争精神。

1949年，历史揭开了新的篇章。10月1日，天安门广场上的54门礼炮声，如鼓击，如春雷，宣告了笼罩在中国人民头上百年之久的阴霾终于散去，也激起了陈友松的满腔激情。在此之前，他拒绝了国民党当局送给他的前往台湾的机票，决心为新中国的教育事业尽一份心力。面对新的使命，已过知天命之年的他，开始自学俄语。凭着博闻强记的本领和勤学苦练的功夫，他很快掌握了俄语，并主持或参与翻译、介绍了大量苏联教育理论，在新中国的教育工作中发挥了重要作用。与此同时，他敏锐地察觉到苏联教育学的利弊。当时的批判运动此起彼伏，在强大的政治压力面前，很多人选择了沉默和妥协，他却选择站起来说真话，对新中国教育工作中出现的教条主义问题进行了深刻的反思。然而，这些善意的建议和批评，使他罹祸蒙冤。1957年，他被打成了"右派"，降职降薪，不许讲课。"文化大革命"开始后，他更是遭受了前所未有的打击。已经70多岁的陈友松被迫与家人分开独居，住牛棚过厅、扫楼道厕所，甚至曾经赤脚在冒烟的沥青路上拉石磙子轧马路，他的双脚被烫得血肉模糊，惨不忍睹。尤其令陈友松伤心的是，他曾经教过的学生，也呼喊着"打倒陈友松"的口号，对他恶语相向、拳脚相加。据程舜英先生回忆："我曾两次在师大主楼前亲眼看见陈先生被他原来教过的弟子拳打脚踢的场面，亲耳听见陈先生求饶挣扎之声，吓得我不敢近前。"① 这其中的心酸苦楚，恐怕无人能懂。但是，这些持续不断的摧残与折磨，并没有使他意志消沉，他反而更加坚忍勇毅。在他还没有完全失明时，竟从紧巴巴的生活费中挤出钱来买了好些彩色乒乓球，按照星座的位置排列，挂满了天花板。躺在床上的时候就仰望"星空"，自得地温习天象知识。挨批斗的间隙，他就趁看管不严的时候，满北京地跑。于谦祠、文天祥祠、宣武门教堂，凡是能看的展览，他都不错过。"吾养吾浩然之气""活着就是胜利"，朋友们总是这样互相鼓励。② 成为"右派"且属"极右"之后，陈友松先生被剥夺了教学、著述的权利，但还享有"被劳动改造的权利"，完成上头下达的翻译任务就是他当时享有的此类"权利"之一。他因此成了一架效率极高的翻译机器。"文化大革命"开始后，他遭受严重的身心摧残，患上了青光眼。为了完成繁重的翻译任务，他点着100瓦的大灯泡，用左手扒着眼皮挑灯夜战，终致失明。他一投入到工作中去，就完全忘却了自己、忘记了痛苦。奋力笔耕二十载，他翻译的文字多达百万。其大量的翻译成果被别人无偿占有、使用，连旁观者也颇为不平。他自己则毫不在意，坦然说道：闲着也是闲着，能干点儿事情，就很愉快；能为他人所用，总比无用好嘛！后来，有人问他，何以能有如此心境和毅力。他说："每一个有觉悟的中国人，尤其是知识分子，都应当理解，为自己活着，是毫无意义的，而当你树立了'为生民立命，为万世开太平'的理想后，

---

① 程舜英. 备受敬爱的陈友松教授［M］//方辉盛，何光荣. 陈友松教育文集. 北京：社会科学文献出版社，2009：667.

② 同①668.

任何艰难困苦绝不会使你灰心丧气。"

陈友松这份为教育事业战斗不息的精神，一直到耄耋之年都没有削减分毫。1978年后，陈友松得到平反。他没有半分怨恨，反而以强烈的责任感和饱满的热情重新投入到了教育事业中。在《八十初度自励》中，他写道："五衷感戴英明党，八旬愧作闲盲人。思为四化添砖瓦，欲效六盲事耕耘。"何等的宽仁豁达！由于当时教育界从学习苏联转向学习西方，特别是对西方教育哲学的兴趣高涨。在这样的浪潮中，来向陈先生求教的人络绎不绝。他总是急人之所急，为后学着想，甚至牺牲自己的休息和睡眠时间。有些大学教师在写书和备课时，也弄些"难啃的骨头"来让陈先生"啃"，尝到甜头后，更是不断送来大块文章，逐章逐段地让陈先生翻译。他全都热情帮助，毫不计较。还有一些当时在高校任教、早先受教于陈先生的西南联合大学和北京大学学生前来向他求教，他更是动情地予以指导。甚至那些曾经对陈友松拳脚相加的学生，在他们回来请教时，陈友松先生也是尽心尽力，好像完全忘记了那段难熬的岁月。很多人问他为什么如此坦然，他说：在所有犯错误的人当中，最应该被原谅的就是青年和学生。

20世纪80年代初，北京师范大学教育科学研究所返聘他。这个头发已经花白的老人，从不服老。他以饱满的精神为全所师生讲授中国教育财政问题，全凭记忆，不用讲稿，精神抖擞，令众人敬佩。在备课过程中，遇到其他学科领域的问题，他也从不放过。有一次，《教育学基础》一书中讲到教育与美学的关系时引用了一位文学家的名言，为了弄清这句拉丁文的含义，他独自一人摸着栏杆，爬上楼去，向中文系俞敏教授请教。他的助手夏宁称赞他，说他就像一支饱满的谷穗，诚实、谦虚，那种求知若渴的心气儿远远超过年轻人。除此之外，他还开设西方教育哲学原著课程，指导研究生读书。虽然他后来双目失明，但却自创了一套备课和讲课的方法。上课时，他的助手夏宁先读一段教育哲学的原文，然后由陈先生讲述这段话的含义，同时进行中文翻译，再让研究生思考讨论，最后由他校正翻译中不准确的地方，形成定稿。这种边讲边译的教学过程简直妙不可言。通过这种方式，陈友松先后出版了《科南特教育论著选》《当代西方教育哲学》《高等教育研究法》等译著。尤其难得的是，他在 92 岁高龄时，还主编了《雷沛鸿教育思想论著选》一书。他在 90 岁（虚岁）生日时，曾写诗自勉："乐教悦学思孟孔，滋兰树蕙献黄炎。九旬进军向百岁，壮心未已一园丁。"真真是"春蚕到死丝不尽，蜡炬成灰泪不干"！

陈友松先生毕生致力于祖国教育事业的发展。这位伟大的教育学家，在灾荒和炮火中坚守教育理想，在困顿和失明时不屈不移，在耄耋之年耕耘不息，虽历尽坎坷，却壮志不减、生机无限。就像他的美国朋友所称赞的那样——"真是一个奇迹！"

（于述胜，北京师范大学教育学部教授）

追忆恩师陈景磐教授

先生小传

陈景磐（1904—1989），字瞻岩，祖籍福建古田，我国著名的教育家和教育史专家。1927年，在上海圣约翰大学获教育学学士学位，1929年获得该校哲学硕士学位。1934年，在北京燕京大学获教育学硕士学位。1940年，在加拿大多伦多大学获得哲学博士学位后归国。先后受聘于协和大学（1940—1942）和厦门大学（1942—1947）。1950年，受聘于燕京大学，任教育系教授。1952年全国高等学校院系调整后，到北京师范大学任教。编著了《中国近代教育史》一书（1979年人民教育出版社首次出版），该书填补了我国在近代教育史教材方面的空白。

先生箴言

现在教育史这门学科，无论是在教学还是在科学研究方面，似乎都偏重于教育家教育理论方面的论述，而对他们的教育实践，尤其是他们的爱国主义精神和忠诚于教育事业的献身精神，则往往注意不够。须知，一个教师如果缺少这种精神，不论他学了多少教育理论，也很难成为一名优秀的教师。古今中外许多伟大的教育家，他们往往是在数十年孜孜不倦的教育实践中，才总结提炼出许多合乎客观规律的教育原则和方法。当然，这决不是说教育理论知识不重要，完全不是，各级各类师范教育的重要任务之一就是要指导学生学习教育理论，掌握教育规律，使他们在从事教育工作时少走一些弯路；但这还不够，还必须培养学生爱国主义精神和忠诚于教育事业的献身精神。

　　我是在 2019 年春节期间撰写这篇文章的，提笔之时我发现：虽然时光已经流逝了 30 余年，但与恩师交往的经历一直被我珍藏在内心深处，一旦记忆的闸门被打开，它们就喷涌而出，往事一幕幕展开。我仅从中选择几件刻骨铭心之事，与大家分享，并表达师恩难忘和师道永存之意。

　　20 世纪 70 年代末，正在中学当老师的我得知北京师范大学要恢复研究生考试。当时对什么是研究生我并不十分清楚，但能回校读书对我的吸引力很大，所以我就开始利用业余时间学习。自己当时在中学做英语老师，还担任初一一个班的班主任。我每天都在和刚走出"文化大革命"动荡、虽正常上课但身心完全不在状态的学生们斗智斗勇。这种既不成功也不愉快的从教经历使我开始对研究教育问题产生需求与兴趣，因此我为自己研究生阶段的学习选择了北京师范大学教育系。1980 年我顺利通过研究生入学考试，进入北京师范大学教育系攻读外国教育史专业硕士学位。当时该专业录取的 3 名学生，不仅是北京师范大学，也是全国恢复研究生招生后的首批外国教育史专业的硕士研究生。学校为我们配备了超强指导团队，联合指导教师就有 5 名——陈景磐、毛礼锐、王天一、夏之莲、朱美玉——他们都是我国当时教育史研究界的知名学者。

　　我们在硕士阶段学习时，系里还没有系统成文的研究生培养方案和课程计划，研究生经常和本科生一起上大课。第一年真正印象深刻的课是陈景磐、毛礼锐两位大牌教授为我们单独开设的外国教育史名著选读课。当时每周固定时间我们 3 人到陈先生、毛先生家中上课，是名副其实的小班教学。两位先生的住所是当时北京师范大学条件最好的工 1 楼和小红楼，先生们家中并无任何奢华之物，但书卷满柜、绿植丰盈。每次去上课，一踏入两位先生家的门槛，我们就能感觉到一种说不出的氛围和气场，让人忘却烦忧，全身心进入学习状态。记得陈先生的书桌旁靠近阳台门口有一棵高大的文竹，郁郁葱葱的绿叶中还挂着几个红红的小灯笼，是陈先生的心爱之物，读书之余打理文竹是陈先生的乐趣之一。去陈先生家前，我还从未见过那么高大的文竹。现在脑海中只要出现陈先生的身影，一定伴着那棵文竹，伴着两位先生儒雅温暖的笑容。

两位先生带着我们阅读并翻译当时国内能找到的最新的外国教育史名著。先生们不但认真倾听我们的英文朗读，仔细修改我们的中文翻译，还经常结合文中的重要词汇和学术概念，给我们进行深入浅出的讲解。我们 3 人在当时的年轻人中英文不算差（两人上大学期间学的是英语专业），但语言不仅由词汇和语法构成，更具有民族精神和社会文化的内核。由于之前我们读书时正值"文化大革命"和文化封闭时代，缺乏对西方文化和教育史专业的深入了解。而两位先生都是早年留学海外、学贯中西的著名学者，他们的授课涉及中外语言、历史文化和中外教育史学科的传承流变，两位先生带领我们透过英文，纵横国内外，穿越上下几千年，使我们的思考超越语言本身，进入西方社会文化和学科专业的深层。

现在想来这门课让我们记忆深刻，除了课程本身的内容之外，还有上课的环境、方式与氛围。我们这代人曾在基础教育阶段中断正常学业，小小年纪就上山下乡，历经社会基层生活磨炼，成年后虽奋发图强迈过研究生学习门槛，但学术训练和修养不足的问题常常让我们焦虑。每周去先生家中上课是我们最期待、感觉最愉快的事情。学术大师的耳提面命，书卷茶香的浸润洗礼，使我们感慨："学习真好！""这样的学习真好！"可以说这门课在我们的学术生涯和人生经历中都留下了极深的印迹，使我们从知识到文化，从思维到修养，甚至学习与生活方式都有了全新的一面。

硕士毕业留校工作两年后（1985 年），我又开始在职攻读博士学位，师从陈景磐先生，专业方向也由外国教育史转为中国近代教育史。

先生 1904 年生于福州一个宗教工作者家庭。先生由于父亲工作上的原因，儿时家中常有外国传教士出入。这些人是他接触和了解西方文化最早的渠道。记得先生曾经谈道：一些传教士言谈话语中流露出的对中国人的藐视和对中国文化的贬低曾深深刺伤他的心，这也是他后来坚持从事中国文化教育研究的动因之一。

先生在教会学校接受了初等教育乃至高等教育。当时的教会学校大都比较强调英语等西学课程，但先生却始终坚持学习和研究中国文化，立志为弘扬我国民族精神和文化做出贡献。他 20 世纪 20 年代在圣约翰大学读本科时即开始研究墨子学说，后来他的硕士论文题目便是"实用主义与墨子学说"。先生于 30 年代末赴加拿大多伦多大学攻读博士学位时又潜心研究以孔子为中心的先秦儒家教育思想，写出以"先师孔子——孔子哲学及其教育意蕴"（*Confucius as a Teacher：Philosophy of Confucius with Special Reference to its Educational Implications*）为题的博士论文，这是第一本用英文写成的论孔子教育思想的专著，不少外国人正是从这本书中认识到中国古代文化教育的成就。

作为先生的关门弟子，我能够感受到先生对我学业上的期待。记得我开始博士阶段学习后不久去先生家上课，他站在家中书柜前对我说："我已经老了，做不动了，可惜有些想写的书还未写，想做的研究还未做。你还这么年轻，可以做许多自己想做的事情。你要做什么研究，尽管去做。这里的书你觉着有用的就尽管拿去看。"当时自己暗下决心，一定努力学习，不辜负先生的期望和栽培，如果可能就接着先生想做的题目做，继续先生的未竟之业。

先生知识渊博，学贯中西，我一个初出茅庐的青年人如何进行他想做而未做的研究呢？记得在我们的谈话中，他多次指出：研究中国近代教育史绕不过去的是中西文化教育交流，而要研究这一问题，首先要聚焦的是一进一出的两个群体——西方传教士和中国留学生，而这两个群体中，西方传教士更难研究。可能是他提到这个话题的次数较多，影响了我，更因为他谈到这一问题时脸上的凝重打动了我。总之，在开始思考自己的博士论文研究方向时，以西方传教士为代表的近代中西教育交流就成了我特别关注的问题，我甚至暗下决心要进行这个领域的研究。1986年初，我开始和先生讨论我的博士论文选题，当我谈到想做近代西方传教士在华教育活动研究时，本以为先生会很兴奋，但先生却久久没有说话。停了半晌，先生才幽幽地说：这不是一个好做的题目，你最好再想想。当时的我已年过三十岁，正怀有身孕，我想可能是先生担心我的身体应付不了，就向先生表决心：我会全力投入，尽心研究。先生并没有理会我，而是说了一句让我至今刻骨铭心的话：做博士论文就像你腹中孕育的胎儿，它将伴随你的一生。说实话当时我真不太理解先生这句话的深意，但内心深处却涌现出由衷的感动和责任感。多年之后，当我的命运不断与博士论文研究纠缠在一起时，我才逐渐领悟到先生所言之深意。

1987年初，我离开不满半岁的儿子，赴美国肯特大学进修。我决心充分利用在美国学习的机会，查找一手资料，为博士论文研究奠定坚实基础。在美国期间，我去哈佛大学、耶鲁大学、奥伯林学院等拥有入华传教士传记档案的著名图书馆和档案馆查找、复印资料，想办法联系曾入华从事教育活动的传教士访谈，等等，获得了很多当时在国内找不到的第一手资料。回国后，我尝试使用口述史的研究方法，对论文中的案例大学——燕京大学的校友进行访谈，还设计了校友调查问卷，回收量占当时还在世的3000多名燕京大学校友的10%左右。针对论文研究中的核心问题，我利用当时有限的数据统计软件，对校友调查数据进行分析，得出了一些很有意思的研究发现，这成为我博士论文的亮点之一。

1989年上半年，我完成了博士论文写作。记得给先生送论文时，先生非常兴奋地说："我当年为做这方面的研究，集了几盒子的卡片，也写了几个章节，但'文化大革命'一开始都烧了。我真没想到，我能看到我的学生把这个研究做出来。"然而，就在我论文送审、准备答辩之时，国内政治和学术环境发生了变化，我论文中涉及教会学校评价的一些问题引发争议，论文答辩被搁置。一生中曾经历无数变故和风波的先生并没有直接说什么，但不久他就病重住院。记得我最后一次去医院探望先生时，他已不能说话，只拉着我的手轻轻摇动，眼中泪光闪烁。

围绕论文答辩的波折我不再详述，但是这段经历却使我拥有了一生中最大的遗憾和感激。最大的遗憾是先生生前未能参加我的博士论文答辩，未能分享关门弟子终获博士学位的喜悦；最大的感激则是先生去世后，时任北京师范大学研究生院院长的顾明远先生在认真阅读我的博士论文之后，主动提出做我的导师，代替陈先生承担组织答辩等导师之责，并睿智地提出论文修改建议。在顾先生的全力支持之下，于先生去世一个月后，我正式进行博士学位论文答辩，最终答辩委员会全票通过我的博士论文。

今年，我已进入耳顺之年，回顾与先生相处的往事，我十分感慨，深感自己很幸运，能在学术与人生的关键时刻，遇到先生这样的良师与好人，为我竖起学问与人生的标杆。虽然学生不才，难以达到先生期待的高度，但让我心安的是，在自己博士毕业之后的为学执教生涯中，我一直在努力做到以先生为范、继恩师之行。

博士毕业之后，特别是近年来，因为工作单位和研究领域的变化，我已经基本不做西方传教士或教会大学方面的研究了。但是，做博士论文的经历却深深影响了我，可以说塑造了我的学术自我，奠定了我对学术研究的本质认同。现在我对先生曾说的话——"做博士论文就像你腹中孕育的胎儿，将伴随你一生"——有了更全面深刻的理解。其实写博士论文的过程所"孕育"的不仅是一篇文章，更是一种思维和研究习惯，伴随你一生的并不是你当时选择的具体题目或研究领域，而是你如何看待和定位学术，如何应对与处理学术研究中的复杂问题，如何在干扰与噪声中坚守学术品性和情操的勇气与能力。

（史静寰，清华大学教育研究院教授）

"生得其利，死畏其神，亡用其教"

——在恩师张敷荣先生引领下做教师研究

先生小传

　　张敷荣（1904—1998），贵州普安人，我国当代著名教育学家，课程与教学论专家，西南大学课程与教学论博士学位授权点奠基人。1918年公费进入省立贵阳初级师范学校学习，1921—1928年在清华大学学习，成为留美预备生。1928—1936年受资助前往美国斯坦福大学学习，1933年负责筹办斯坦福大学中文系，兼任该校图书馆中文部主任。1936年以论文《1885年以前美国旧金山公立学校隔离华裔儿童运动的研究》获斯坦福大学教育学博士学位。1936—1953年在四川大学工作，其间曾兼任该校教育系主任；这一时期，四川大学出版社出版了其所撰写的共计约200万字的教育专题研究、课程编制、教育社会学等课程的讲义；发表了《近代科学教育之新动向》

《怎样坚定师范生对于教育的信念》等文章。
1953—1965 年讲授并独自编写了《教育学》
《小学自然教学法》《现代西方资产阶级教育
思想流派》等教材。1965—1979 年翻译了
《美国高等教育的迷惘》《早期教育的效用》
等论著；研究我国古代教学论，撰写了《荀
子的教学思想》《墨子的教学思想初探》《论
孔子的因材施教》等文章。1979 年当选为第
一届中国教育学会理事和第一届全国教育学研
究会常务理事。1981 年成为第一届国务院学
位委员会教育学学科评议组成员。1987 年受
聘为国家教育委员会重点学科（教育学）评
审组成员。1997 年获全国高等师范院校曾宪
梓高校教师奖二等奖。参与翻译美国克雷奇等
人所著的《心理学纲要》，翻译美国比格所著
的《学习的基本理论与教学实践》。1979—1998
年发表《防止"左"的干扰，使社会主义教育
事业稳步前进》《教育理论研究的回顾与展望》
《建国以来课程理论与实践的回顾与展望》《试
论德育实践的逻辑起点》等文章。

先生箴言

我们从事小学教育事业的人，要了解我们所担负的任务，不是知识的贩卖，不是儿童的看守，更不是书本规程的奴隶。我们的责任是创造新的生命，新的经验，新的社会，新的国家。我们要时常运用我们的心思、精力去寻找新的方法、新的资料，俾能尽量开发儿童身心上所蕴藏的宝物拿来献给国家，复兴民族。

恩师张敷荣先生出生于贵州省普安县。他是我国当代著名的教育学家，课程与教学论专家，第一届国务院学位委员会教育学学科评议组成员，西南大学课程与教学论博士学位授权点的奠基人。他为新中国培养了第一位教学论博士，在教育界享有崇高的声望。

对我个人而言，能成为张先生的弟子是我一生的荣幸。先生生前以言传身教的方式引领我做教师教育理念形成研究。先生故去后，我在对先生思想的领悟中，在先生遗稿的指引下继续着这项研究。在这个世界上，有些人具有持久的影响力，虽死犹生。据《大戴礼记》记载，孔子说：黄帝"生而民得其利百年，死而民畏其神百年，亡而民用其教百年，故曰三百年"。这里借此种表述表达先生的教育对我的影响。先生学贯中西，其教育思想汇通中外、承前启后。

我在做过7年中学英语教师后，带着对"怎样的教师才是好教师"的思考走进了教育研究者行列。我在东北师范大学国际与比较教育研究所罗正华教授的指导下完成了国外教师素质的培养动向研究后，成为西南大学（原西南师范大学）的一名教师。在我对教学和研究都感到十分迷茫时，我产生了继续拜师和攻读博士学位的想法。这样，我于1996年报考了西南大学课程与教学论专业的博士。

第一次见到张先生是在面试的时候。那时先生已经92岁高龄，身体十分瘦弱，背已呈90度弯曲状，心脏完全靠起搏器来维持。即使这样，先生还是坚持挪步把我和同届师妹范蔚引进屋里。虽是面试，但我们却没有惯有的紧张感，因为面试已演变成了张敷荣先生、张武升教授、查有梁教授、曾欣然教授和曾成平教授与我们进行的一次教育漫谈。一谈论起教育，先生瞬间就变得精神焕发、神清气爽起来，并充满智慧地谈论他对教育独到的见解和精辟的认识。这第一面，张先生让我见识到的是生命的奇迹：在大脑和肌体极度失衡的情况下，生命仍能绽放出智慧的光芒。我在感叹生命奇迹的同时，也深深地意识到这就是我想拜的师。我很幸运，成了张敷荣先生和张武升教授的弟子。入师门后，当张先生问我的研究志向是什么时，我毫不犹豫地说："我想研究教师，研究像您这样的教师。"张先生非常谦虚地说："研究教师很好，但不一定要研究我。"

因身体虚弱的缘故，先生主要是在病榻上给我们上课。先生跟我们谈论最多的话题是如何做人、做事和做学问。他认为好的"三观"是博士生立身治学需要奠定的最为重要的基础。他常谈起自己是如何形成"好人观"（"一个能尽力为较多的人做好事的人"）的。他概括了做人、做事和做学问的"三求"原则——做人与做事：求正、求严、求信；做学问：求实、求是、求效。他强调做学问需要厘清教育理论研究的基本脉络。他认为，处在改革开放时期的我国教育理论研究的重要任务是建立具有社会主义特征的教育科学研究新体系；教育学不仅要研究教育内在的微观系统的问题，还应该研究教育与外在宏观系统（社会政治、经济和文化）的关系问题；课程与教学论的研究应该以系统论、信息论、人工智能和人的智力开发论为基础，着重研究教育微观系统中各要素及其关系问题。先生的做人、做事、做学问的主张对我厘清教师教育理念研究的脉络有很大的启发。我虽然从感性经验中已经认识到教师的教育理念对其行为有重要的引导作用，但教师的理念从何而来，其内在机理是什么，该如何研究这些问题，则始终令我困惑。我尝试着用先生的"三求"原则建构我自己对教师教育理念形成研究的认识。

先生的教学常是追问式的和答疑式的。他非常善于捕捉学生的点滴想法，通过反复追问，激励学生不断自我修正，以达到思维的明晰化和论辩的条理化与逻辑化。他在解答学生的疑惑时也非常注重阐明自己的教育观。每次与先生交流，我能感受到的是沟通的畅快、心灵的震撼、思想的启迪。先生也想以面对面的方式多与我们交流，让弟子明白他对教育研究的新思考，但当时我们未能领悟到先生的用意，总担心先生的身体，失去了许多与先生畅谈的机会，这带给我终生的遗憾。

关于教师研究，我在请教先生如何推进下去时，他建议我研究我熟悉的中小学教师，研究中小学教师普遍能达到的最理想的状态是什么，然后借鉴新观点、新方法，研究教师观念的形成。在先生的建议和反复论证的基础上，我形成了"教师教育理念形成研究"的博士论文选题；也形成了从分解理念的构成、要素的层次与表现特征，到最终揭示其形成过程和影响因素的研究思路。1997年9月，先生因行动不便不能到场参与我的论文开题。因思考不够周延、论证不清楚等原因，这一选题的学科特性和可操作性并未得到参与开题的老师们的普遍认可。大家都质疑的一个问题是：教师在教学论体系中仅是一个存在要素，教师研究主要是在管理学中进行的，课程与教学论中研究教师的合理性何在？我一时也想不明白，感到十分沮丧，甚至还对能否继续研究产生了怀疑。但当我向先生汇报这个情况后，先生却异常坚定地对我说："教学论中不研究教师不是你的问题，是教学论学科体系出了问题。"这样的话语让我十分宽慰，也坚定了我继续将研究进行下去的信心和决心。然而，先生未能等到我论文完成的那一刻就过世了，我的论文最终是在张武升教授和靳玉乐教授的指导下完成的。我非常感念上天给我安排的这个生命境遇——博士论文由三位有着师承关系的导师指导完成。

在跟随先生学习的两年多时间里，最令我难忘的事情是先生用放大镜批改我的一篇6000多字的习作——《英国教师培训新动向及几点启示》。当时我对自己所写的东西缺乏底气，想请先生帮我斟酌文章中的观点并提些修改建议，先生很爽快地答应了。几天后，先生就让我去他那里谈论我的学习和写作事宜。当看到被先生用铅笔圈圈点点批注了多处的文章后，我真是百感交集、感慨万千。我本意只是想让先生看看文章，也据此向先生汇报我的学习和思考，没想到先生这么认真仔细地批注我的文章。想到90多岁高龄、身体状况不佳的先生，拿着放大镜用颤抖的手给我批注文章，我的内心涌起的只有感激和内疚。当我对先生表示歉意时，他只是淡然一笑。先生肯定了这篇文章内容的新颖性，并详细地向我讲述了修改意见。后来，这篇文章发表在《比较教育研究》1998年第1期上。

在这段学习经历中，我最大的遗憾是未能多找些时间与先生相处，多听听他的教诲。我和范蔚是先生招的第一届女弟子，我们和先生都感觉需要重建相处模式。先生考虑到我们各自都有家庭和孩子，还有教学工作要完成，不好直接说要我们经常去见他，我们俩也陷入了一个认识上的误区，认为先生身体状况不好，需要多卧床休息，怕长时间和他说话会对他的心脏产生不好的影响。因此，总是纠结该不该去和先生交流。好几次都是在李森师兄转达先生的要求和提醒后，我们才去找先生。那时的我也真是愚钝。如果那时能多听听先生的教诲，我的研究将会是另一番景象：少走许多弯路，路子会更明了，成果会更显著。尽管我的论文厘清了自己对教师教育理念的认识，但我清楚并未完成教师教育理念如何形成的研究。理念的形成一定会体现在教师个体身上，因此，我认为需要研究教师范型。只有深入到教师的生命过程中，通过理解教育理念的各种层次和类型的变化，才能最终揭示其形成机制和规律。当时，西北师范大学的李定仁教授就建议我研究张先生，说"他就是最好的范型"。可惜，我还未来得及把先生确定为我的研究范型，用对话的方式研究先生时，他就永远地离开了我们。没了合适的范型，我的这一研究也就搁置了。

2013 年的一天，我在校医院输液，正好和张先生的女儿同一个病房，和她聊到了张先生，从她那里得知张先生还留有大量的手稿。我有了继续研究先生的想法。我和我的研究生整理出先生近百万字的手稿和先生分类整理好的各类教育研究材料；顺着先生的成长和生活轨迹，补充和完善了研究先生教育思想形成的相关材料。我到过贵州省普安县，实地走访了先生的亲属们，了解先生早年的生活状况；到过四川大学，查阅过抗战时期先生的档案材料；我还到过美国斯坦福大学，想了解先生在那里的学习与生活情况，但因种种原因暂未得到有价值的东西。

在实地感知、了解先生的生活境遇的过程中，在解读先生在不同时期已发表和未发表的研究成果的过程中，我发现先生已为建立我国教育学体系做了大量的准备和研究工作。从先生留下的手稿中，我也找到了许多能回应我很多研究困惑的表述。例如，关于个人信念的形成问题，先生在 1993 年撰写的文章——《对我影响至深的几件事》中这样写道："首先是我幼年的环境与教育。我出生刚八个月，母即病逝，全靠父亲教养。他系清朝末年岁进士（贡生），未入仕宦，耻与土豪劣绅为伍，甘当月薪八元的小学教员，以教书育人为乐。他知我幼失母爱，体弱多病，体力劳动不如同龄少年，但读书能力较强，在家贫无法供我升学期间，也不要我参加农业劳动，教我专心学习，争取考入公费学校。父亲'正己方能正人'之道初步奠定了我的人生走向。其次是五四运动的影响。我体会到这场运动的核心是爱国主义，其基本点是争取民主与发展科学。它使我拓宽了生活的视野和学习目标，使我认识到在祖国备受列强欺凌的情况下，个人奋斗的成就再大、社会地位再高，而面对世界也仍感耻辱，只有全国人民发愤图强、力雪国耻，个人才能顶天立地、无愧生存。再次是1924年，印度诗人泰戈尔访问清华学校，在座谈中，我颖悟到'好人'的定义是'一个能尽力为较多的人做好事的人'。这个'好人'的概念的确使我能树立正确的价值观、人生观和世界观。在腐朽没落的社会里，能辨别是非、善恶，不致与俗浮沉、随时俯仰；并可以作为有效的教书育人的方法，消除教师与青少年之间的'代沟'。更具体说，根据这个概念，我把世人分为五个档次：第一等是'纯粹利他'（如白求恩、雷锋那样毫不利己、专门利人的人）；第二等是'为我利他'（其中一种是受良心的驱使或求精神上的快慰而利人，另一种是为他人谋利可以获得物质报酬）；第三等是'纯粹利己'；第四等是'损人利己'；第五等是'专门害人'。经过数十年的教育工作实践，我确认这样对人品的评价，对己，有利于自我反省、修身养性、提高觉悟；对人，更能明辨是非、与人为善或近贤远奸，正确处理人民内部矛盾与敌我矛盾；对教师的工作，也能克服政治思想教育中的教条主义和形式主义。"

反观先生的一生，他在少年和青年时代就形成了自己的"三观"和坚定的信念。这些又是他后来执着追求他的"教育救国"理想，在不同阶段坚持不懈地研究中国特色社会主义教育理论体系和实践的动因所在。他的教育信念的形成过程也深化了我的教师教育理念形成研究。我也能理解为什么当初先生不让我研究他，我想他是希望我进行教师教育理念形成方面的"类"研究，这样更有助于发现规律。然而，我的理解是："类"是由"个"组成的，研究好"个体"，也能阐明"类"的属性。我想，对于新时期我国教育理论与实践的发展而言，一个体验过我国传统与现代教育，熟知西方文化和教育，研究过近代西方教育思想，亲自体验过中西融合型教育的理论研究者和实践者，其思想和行为值得广泛和深入的关注。先生遗留的手稿还需要人去解读，作为我心目中理想教师形象的先生，其生命成长与发展中的"类"的属性还有待揭示，我将持续我生命中最有意义的探究。

（兰英，西南大学教育学部教授）

执着的追求　深刻的思想

——傅任敢先生与北京师范学院[①]

先生小传

傅任敢（1905—1982），浙江湖州人，祖籍湖南湘乡。1925年考入清华大学教育心理学系，成为该系招收的第一批学生。从清华大学毕业后，傅任敢参加了晏阳初的中华平民教育促进会。不久，应长沙民德中学校长邀请，任该校教务主任，兼英文、国文教员。1933年夏，经清华大学理学院院长叶企孙先生向梅贻琦校长推荐，回清华大学任校长秘书，在清华大学工作至1950年。1939—1950年由清华大学派往重庆清华中学兼任该校首任校长。1946年受清华大学时任校长梅贻琦之命，在湖南创办长沙清华中学，从此同时兼任两地清华中学校长之职。1950年回到北京担任北京

① 原文刊发于《首都师范大学学报（社会科学版）》2008年第6期，经首都师范大学教育学院王天晓副教授整理后收入本书。

市立第十一中学首位校长，后曾任北京市教育局视导员、北京市第四中学副校长。1954年调至北京师范学院（现首都师范大学），参加学院的筹建工作，并筹组教育学教研室，任该教研室主任，成为首都师范大学教育学科的奠基人。

傅任敢先生一生笔耕不辍，翻译了夸美纽斯的《大教学论》、洛克的《教育漫话》、裴斯泰洛奇的《贤伉俪》、阿德勒的《生活的科学》等世界名著，他还翻译了卢梭、福禄贝尔和色洛芬的相关文章，并集结成《莉娜及其他》一书。此外，他还编撰了《〈学记〉译述》《近代中国教育人物像传》等著作，发表百余篇文章。

先生箴言

　　培养学术空气不能急躁，我院目前学术空气不浓是自然的事，因为两年时间的确搞不出什么东西。应该重视它，但搞急了就会出问题，科学研究叫填进度表，其实科学研究是没法填进度表的，因为也可能几个月没有进展。费孝通说：一间房子、两本书。我再加上六个字：八小时，三、五年。一年半载不能见效。

我国卓越教育家傅任敢先生 1954—1981 年在北京师范学院辛勤劳作了 27 年。这段时间是他 1929 年从清华大学教育心理学系毕业后投入教育事业 52 年时间的后半段，也是一段充满曲折艰难、彰显傅任敢先生为民族国家计、致力于教育而矢志不渝的时期。作为傅先生的学生和曾经的同事，我愿以亲身经历阐述傅任敢先生执着的教育追求和卓越的教育思想，和教育界的同行们分享。

执着的教育追求

1954 年，傅先生调至北京师范学院担任院工会主席，负责筹建教育学教研室，并任该教研室主任。

筹建教育学教研室

教育学教研室筹建伊始，傅先生就将教育理论与办学实践相结合，身体力行，为我校教育学科的建设奠定了扎实的基础。筹建教研室时，傅先生和同行们利用一切时间共同商讨。屈惠英等 8 位参与筹建的教师在《何惧炎凉育英儒》中回忆道："……创业难，一切都是从零开始，为了集中精力，从城里搬到学校宿舍住，夜以继日地投入工作。不论是饭后的休息时间，还是紧张备课的夜晚，傅先生经常把我们这些人叫去，商量如何收集整理有关资料，如何开好教育课程，提出他对教研室的设想和打算，并仔细听我们的意见。"

傅先生身为教研室主任，负责编写教育学讲义，还担负着两个班的教学任务，但他仍拿出很多时间和精力放在对学生的培养与提携上。他认真审阅我们的讲稿，听我们试讲，从教材处理、教法选择、课程的组织结构及教态等方面进行具体的指导和示范。我们这些青年人是在傅先生的指导下走上讲台的。

育人孜孜不倦

20世纪50年代，傅先生为文理两个学科的二三百名本科生讲授大公共课。傅先生在课堂上语言流畅，重点突出，风趣幽默，博学多才，旁征博引，常有独到的见解，这些深深地吸引了我们。

1979年我调到北京师范学院工作，1981年又得到和傅先生共同探讨的机会，有了更多的接触，听傅先生解析孔子的"有教无类"，听他诠释《学记》的教育理论及其对教育教学的影响，听他谈论做学问与百花齐放的关系，等等，深受教益。我日后在与同行和青年学者探讨如何做学问时提出的"奠基于业，博览百家，析其长短，为我所用，承古今中外之优，吸今世中外之学，扬民族之长，博中取精，精中见识，识中求效，效中得果"的观点，以及我从对历史教育教学法的研究发展到对普通教学法的研究，都是受傅先生潜移默化的影响。

蒙冤志不改

1958年，傅先生被错划为右派，但他仍不改忠诚于祖国教育事业的赤子之心。他在被安排去生物系讲英语课的同时，还先后为教育学教研室选编《高举党的教育方针的红旗，千方百计地提高教学质量》《毛主席教育言论集》等书，共七八十万字之多，成为当时我们学习和研究党的政策文本、探讨提高教学质量的理论问题、学习和研究毛泽东有关教育思想的重要资料。

1961年，傅先生调到历史系资料室从事翻译工作，先是与系里教师合作翻译了斯宾格勒的《西方的没落》，后来遵从系里安排，翻译了克罗齐的《史学史》《世界现代史资料》等书。1972年，傅先生校订《〈学记〉译述》，并着手编写了《〈学记〉普及本》。先生在古稀之年，蒙冤未白，还如此一往情深地致力于教育科学事业，让我感佩至极。

老骥伏枥

1979年，傅先生恢复了教育科研工作，回到了北京师范学院做教授，并担任顾问。时隔多年，傅先生再次走进教研室的第一天，便关心询问我们每个同志的开课情况，建议让青年教师多挑重担，开始对教研室教师的研究、学习进行指导，并抱病辅导英语，为教研室多出人才、多出成果献计献策。

1980年，学识渊博、底蕴深厚的傅先生年事已高，体弱多病，但他自称要做"七十少年的一人"。经再三权衡，征得傅先生同意，确定主攻课题为"中国教育教学法体系研究"。在傅先生全盘策划和领导下，课题组成员拟出题目，提出设想，共同讨论，取得共识，分头执笔，由傅先生定稿，经当时的北京师范学院院长同意，开辟"学点教学法"专栏，以"漫话"的形式在该专栏发表研究成果，待撰文数十百篇后，视其成熟情况，进一步研究如何在此基础上写出具有中国自身特点的教育教学法著作。根据这一计划，傅先生先后在《教育研究》《北京师范学院院刊》上发表了一系列重要的研究文章，以广阔深邃的眼光阐述了一系列教育理论建设的重大问题，为我校教育学科的发展贡献了自己的智慧。

深刻的教育思想

关于教育学科建设的思想

傅先生历来重视教育学建设。他提出的一些关于教育学科建设的思想可称得上是教育家的真知灼见。

继承中华民族优秀的教育思想，推进中国教育学科的建设

在中国教育学科的建设方面，傅先生认为，要想建设我国自己的教育学，必须继承中华民族优秀的教育思想，而不是割断历史。这在教育界向苏联一边倒的时期简直是不可想象的。至今仍令我们感叹的是，在北京师范学院刚成立不久时，一次，在讲如何学习教育学时，傅先生说："现在一提到教育学，往往只有凯洛夫，这是不全面的，作为学习和研究，要广识百家，不能只停留在某一个人的身上，要学习和了解古今中外有关这方面的论著和学说，特别是本民族古人今人的学说，如孔夫子的教育思想、教学原理……，我们也应有自己的教育学。"这番话让我这个来自部队，在参加培训和工作时都学习、照搬苏联教育学，并把苏联的东西奉为经典的教员，深感惊讶、佩服，深受启发。

先生晚年正值改革开放初期，面对涌进中国教育界的很多海外理论，他一如既往地坚持将教育理论探索建立在继承本民族优秀教育思想和借鉴国际先进教育经验的基础上。他在孔子的学说中看到了中国教育学建设的精神力量。于是，先生便将更多的精力放在对孔子教育思想的研究上，连续在《教育研究》上发表系列研究成果。这些成果反映了他自己的教育思想和独到的见解。

积极传播现代教育思想与理论，为中国教育学的建设提供思想营养

早在20世纪三四十年代，傅先生有感于五四运动以后的教育理

43

论多借鉴于西方，但西方教育经典著作却极少被翻译成中文的情况，在1935—1940年就着力向国人推介西方教育思想，曾翻译出版了阿德勒的《生活的科学》、洛克的《教育漫话》、夸美纽斯的《大教学论》、裴斯泰洛齐的《贤伉俪》，并辑译卢梭、福禄贝尔、色洛芬三人的部分论文，合成了一本书出版，这便是《莉娜及其他》。后来，傅先生在北京师范学院工作期间，继续积极地传播西方的优秀教育思想。

重视教育科学研究

傅先生早在1940年撰写的《师范学院的中学关联》一文中就提出了在师范学院建立附中并使后者"变成它的实验室"的设想，认为不能把"理论实践，分成两截"，他还提出师范学院应分区设立，以使其"可切实负起辅导区内中学与改进及研究区内中等教育的责任"，用意很好。

1954年傅先生在新建的教学楼前，面对初创的北京师范学院，满怀信心地对与他共事的青年教师们说："（教育教研室）要协助院领导办好学院，办好附中。将来有了条件要办好附小和幼儿园，要办成一条龙，我们一定要把各级附校办好，办成教育科学研究的阵地，办出北京师院的特点来。"傅先生提倡高等师范院校面向教学，大力开展科研工作，优先弄清楚社会主义教育的规律，在实践中按教育规律办事，解决教学工作中的疑难问题。他要求学生的专业基本知识要达到综合大学同一专业的同等水平。他还"提倡师院教师大胆做教育实验，不能专靠苏联专家和领导布置的一套，这样会使科学停滞不前"[①]。

---

① 魏泽馨. 傅任敢教育译著选集 [M]. 长沙：湖南教育出版社，1983：150.

关于课程与教学的观点

傅先生在《关于办好高师院校的一些设想》一文中提出："在课程设置方面可以考虑设三类学科。第一类是公共课，除政治课和体育课外，每个学生都要学一门自然科学或一门社会科学和一门文体艺术课，这样来扩大学生的知识面和通过跟中学打成一片来以同志的身份领导学生前进的能力。第二类是专业课，学生除学一门专业主科以外，最好还学一门专业副科，以适应规模较小的中学的实际教学需要。"①

傅先生提出师范院校要注重教学实践，提倡师范院校教师大做教育实验，要让师范生见习、实习常态化，不打乱院校和中学的教育秩序。我深感这是傅先生毕生坚持理论与实践相结合办教育所得出的真知灼见。我就因自身自然科学根基不足，而在科研与教学工作中受到限制，也因缺乏艺术方面的知识而在鉴赏艺术方面乏力；在有所成之处，亦是因为一些方面达到了傅先生上述要求。他在1940年所写的《师范学院的中学关联》一文中就提出："（师范学院的教师）多半都是留过学，见闻很广的人。但是这并不够。头一宗，他们不独应当懂得他们要教学生去教的功课，知道怎样去教，并且应当自己能够去教，自己具有教过的经验。这是就各科教学法而论。第二宗，学生的心理与学校的行政，都有许多微妙的地方，不是书本上所能说得明白的，必须具有亲切的体验，才能处理裕如。这是就学校行政与教育心理等科而论。第三宗，我们希望以后中学真能彻底实行导师制，导师的起码条件是要能够适合中学的生活环境，并且导师的导师尤其应当亲切了解未来的导师的工作与生活。这是就一般生活而论。这都不是刚从国外回来或刚做完博士论文的人所能胜任的。"他提出"我们以后培植师资的师资应当挑选成绩优良，值得深造，具有中学经验的人，加

① 程禹文. 傅任敢教育文选［M］. 北京：教育科学出版社，1990：152.

以深造"的观点。①

重视教学法

傅任敢先生十分重视对教学法的探讨，一直努力建立一种教学原则、教法、学法合一的新的普通教育教学法系统。傅先生指出，《学记》中的教学法，"总的精神是诱导、启发、潜移默化，反对外铄、注入、急于求成"。下面按傅先生文章刊发顺序分三方面来分析。

教法方面：因材施教—愤悱启发—教学相长—耳濡目染—文以载道。

教师方面：温故知新—循循善诱—循序渐进—激发兴趣—教学有方—教学效果。

学法方面：学思相辅—发挥潜力—学习结合—培养自学。

以上这三方面的内容，尚远未全面展开，更尚未触及傅先生全盘设想的诸方面，如教育之方、教学之法、学习之规、课内课外、复习考试、教学环境、学习与修养、教师进修、教材运用、教学与科研、外国借鉴、中外教育教学法之比较等。但仅此三组，就既各自成篇，又在相互联系中呈现出有机的整体性。

关于高等师范教育建设的思想

关于高等师范学校地位、任务的论述

早在 1933 年，傅任敢在《湖南教育一瞥》中就提出："一方面我自己学的是教育，这四年来办的也是教育，舍了教育不谈，未免忘本；何况教育还是'立国之本'呢！"② 1980 年，他在《关于办好高师院校的一些设想》中提出："师范教育必须大力发扬它的师范性"，他认为师范性应体现在"学术和教学水平的提高""示范性和教育研究水

---

① 程禹文.傅任敢教育文选［M］.北京：教育科学出版社，1990：80.
② 同①8.

平""教学艺术水平"等方面。他提出我国的高等师范院校有两种类型,一种是全国性的或大区性的师范大学,它的任务"应该是培养合格的中学、中师的合格教师和干部,以及教育科学的研究人员",另一种是地区性的师范学院,其任务是"培养合格的中学和中师的合格教师和干部"。[①] 这些的确是真知灼见。傅先生还对现存的中央和地方高等师范院校的学制、体制提出了建议。在培养目标方面,他历来都强调教育之本在育人,要全面落实德、智、体、美并重的育人原则,并强调要让学生养成服务与劳动精神,让他们尽量去实践。他还明确了诸种教育之间的关系,提出以德育为前提,以体育为基础,以智育为主体,以综合技术教育为补充。

关于高等师范教育改革的论述

傅先生一向关心高等师范院校的发展与改革情况。他在1957年明确提出:高师办学体制应该是"党委领导,校长负责,依靠教师,发扬民主"[②],并对如何实施这一主张进行了阐述。

1980年针对在全国师范教育工作会议上和在学术界出现的削弱师范教育的观点,傅任敢先生旗帜鲜明地提出:"在中央重视师范教育的指引下,师范教育必能保持其独立的体系","师范教育必须大力发扬它的师范性",即提高"学术和教学"、"示范性和教育研究"及"教学艺术"三方面的水平,并突出强调"高等师范院校应该大力开展科研工作,但要面向教学,面向中学"。[③]傅先生在当时强调师范教育独立的体系和师范性,力主师范教育要更好地为基础教育服务,对于正确认识和解决高等师范教育面临的一系列根本问题,起到了积极的促进作用。

---

①③ 程禹文. 傅任敢教育文选 [M]. 北京:教育科学出版社,1990:151.

② 同①149.

关于高等师范院校的师资建设

选聘德才兼备的教师，是傅先生办学的主要原则。他在 1979 年的《谈谈高师教育》和 1980 年的《关于办好高师院校的一些设想》两篇文章中，对于高师师资均着墨较多。他认为，高师院校的师资可以有三个来源：一是师范大学毕业，并有两年以上中学教学经验的人员；二是从中学或中等师范院校选拔优秀教师；三是与其他高等院校合作，互通有无，可以按原职称，称为兼任教授或副教授或讲师，这样可以提高教学水平和充实教学力量。① 他要求教师、领导干部和一般干部，都要结合工作，不断进修。进修原则应是缺什么补什么，解决实际工作问题。

傅先生是一位言必行、行必果的学者，在高等师范院校师资方面，他在力所能及的范围内，如会议等教育活动上及学术论文中进行呼吁、给出建议。他自己在攀登本专业的高峰方面更是率先垂范。如处于逆境时，在完成工作之后，坚持从事教育理论的研究、教育学专著的撰写，以及教育学世界名著的注释等工作。他在生命最后的两三年里，虽然身患重病，但仍然抢时间重新修订教育著作（英译中，古译今），撰写评价孔子教育活动的论著，研究建立中国自己的教育教学法体系，等等。

虽然傅先生离开我们已经 26 年了，但是一切恍如昨天。他的谆谆教诲让我们这些当时还年轻的同事终生难忘。希望傅先生对教育的不倦追求，在教育教学方面巨大的贡献，能够激励今天的教育工作者执着于人民的教育事业，为祖国的富强努力前行。

（周发增，《首都师范大学学报（社会科学版）》原常务副主编，教授）

---

① 程禹文. 傅任敢教育文选［M］. 北京：教育科学出版社，1990：152.

毛礼锐先生二三事

先生小传

　　毛礼锐（1905—1992），字振吾，江西吉安人。1929年毕业于国立中央大学（东南大学的前身）教育系，之后在英国伦敦皇家学院教育系、美国密歇根大学教育学院留学，1937年获教育学硕士后回国，先后任教于河南大学、四川教育学院、中山大学师范学院、中央大学师范学院。1949年受聘为北京辅仁大学教育系教授。1952年全国高等学校院系调整后进入北京师范大学教育系工作，任该系教育史教研室主任、教授。"文化大革命"结束后成为我国首批硕士生、博士生导师。撰写了《古代中世纪世界教育史》（与张鸣岐合著），主编《中国古代教育家传》《中国古代教育史》《中国教育家评传》《中国教育史简编》《中国教育通史》等书，发表论文数十篇，为中国教育史学科建设做出了卓越的贡献。

先生箴言

中国古代教育史上，儒家的地位最为重要。儒家大部分当过教师，积累并总结了丰富的教育经验。儒家的"教学论"是很出色的，在世界教育史上也居优先地位，我们不仅要批判地继承这份宝贵的遗产，还应该继续研究，用科学的实验方法以及现代教育心理学的成果加以论证和发展。

1982 年，我在硕士研究生毕业留校任教后不久，便有幸赶上北京师范大学教育系首次招收博士研究生，并被毛先生纳入门下。其实早在约 20 年前我还是高中生时，因同班同学毛祖桓是先生的嫡孙，曾数次到先生家玩耍，印象中先生总是那么和蔼慈祥，教授的风度及宅邸的书香气也令我景仰。我不免妄念，今后如果能到大学当个老师那真是不错！"文化大革命"爆发后，先生受到冲击，生活水平大大降低，但先生始终恬然处之、手不释卷。我后来也就"上山下乡"去了，做梦也没想到十多年后能圆了当大学老师之梦，还成为先生的弟子。在近 4 年的博士学习生涯中，我深受先生教诲，顺利完成学业，并成为我国教育史专业第一位博士，这全是托先生之福啊！

"祖师母"

先生生于书香门第，先生的夫人也是大家闺秀，数十年来作为全职太太精心理家，将家室料理得井井有条，先生生活井然有序。先生的夫人对先生的照顾无微不至，先生能在学术上成就斐然，其夫人当有首要功绩。她对先生的学生也是和蔼可亲、呵护有加，因此深受我们爱戴。只是有一个"尴尬"之处，即，按理说我们应该称她为"师母"，然而先生与她的嫡孙毛祖桓恰恰又与我同龄且为同学，至于师弟们那就年龄相差颇多了，我们总不能让她长一个辈分吧？师弟程方平头脑灵巧，想出一个办法——称呼她为"祖师母"。这个称谓虽说有点怪异，但是问题算是解决了。不过后来一想似乎也不必有此顾虑，师门的辈分与家族的辈分本来就不是一回事，孔子的弟子中就有颜路、颜回父子，曾点、曾参父子等，不也是师兄弟加父子兵吗？感慨的是先生已达耄耋之年，还在亲相授受、诲人不倦，实当景仰。

时 雨 化 之

毛先生与陈景磐先生是"文化大革命"浩劫过后北京师范大学教育史专业仍健在的两位老教授。两位先生为人正直，言谈举止庄重，学术造诣深厚，对待教学工作兢兢业业、一丝不苟，但性格有较大差异。陈先生性格相对外向，比较强势，对学生无论是指教还是表扬、批评都直截了当、精准明确，常使人有醍醐灌顶之感。而毛先生性格相对内敛，待人更为随和，与学生交流时更为平和，几乎不指责训诫学生，甚至很少对学生的话表示否定或不同意，学生都很愿意亲近先生，在绝对敬重先生的前提下也敢于畅所欲言。但是，先生对学生绝不是放任自流，他更重视学生的自修，启发的重心也是学生自己去发现问题和研究解决问题。广泛阅读和充分积累资料是先生最为重视的，他认为阅读书籍要"博"，而且不能仅限于本专业，历史的、哲学的、教育学的相关论著都要有所涉猎；在研究领域的积累上要"详"，要尽己所能将相关资料全盘掌握。

记得我在确定研究领域为汉代教育后，我按照先秦儒学—汉代经学—宋明理学的传统说法，打算研究汉代经学教育。先生对此并未表态，只是说研究经学教育需要经学方面的功底，让我先阅读经学史方面的专著。我按照先生的指点浏览了经学概论和中国经学史方面的相关论著，才悟到经学实在是广博深奥，感到凭自己的功底做研究恐怕有些不自量力。我将想法告诉先生后，先生微笑点头，又指出汉代教育兴盛的政策动因是独尊儒术，可否以此为重心？于是"汉代独尊儒术"成为我博士论文研究的主题，不过我在经学方面的学习积累也成为我博士论文的重要支撑。我深感先生的教益如春风化雨，润物无声，与通常的耳提面命相比较，能植根在记忆中的反而不是很多，遗憾之余，却又感到这种教诲更有其独到的益处。

学生兼食客

记得我第一次去导师家，汇报完学业后欲起身告辞时，先生说："到中午了，就留下来吃饭吧！"我当时不大好意思，但厨房里饭菜飘香，难抵"诱惑"。那时我们这些学生经济条件尚不宽裕，食堂的伙食又很差，回想起来先生家的四菜一汤比现在饭店里的饭菜美味多了。我在先生家吃顺了嘴以后，就时不时在先生家打"牙祭"。先生曾风趣地说："（子曰）'有事，弟子服其劳；有酒食，先生馔。'前一条你们做得不错，后一条我们共享，只是没有酒。"据系里的老教师说，先生一直是这样款待学生和年轻教师的，而且还认为可以利用吃饭的时间更无拘束地交流学术。我印象较深的是有一次我们吃饭时，先生问道："你知道'食色，性也'是谁说的吗？"我不假思索地回答："是孟子。"先生淡淡地说："回去查查出处。"我查阅后才发现，这句话固然是出现在《孟子》一书中，但却是告子说的，是他的性本自然、无善恶之分观点的例证。我深感自己读书粗糙，下次见先生时诚恳做了检讨。当时先生又问我："'学而优则仕'是谁说的？"这次我倒是回答对了。在先生家蹭饭，不仅口舌之欲得以满足，在知识积累、治学态度和治学方法等诸方面也获益甚多。

1984 年本文作者与毛先生在北京师范大学校园里的合影

游 学 求 师

毛先生深厚的学术造诣与他广泛的求学及执教经历是分不开的。他从早年的工科方向转向教育学领域后，曾师从陶行知、陈鹤琴、孟宪承、廖世承、陆志伟等教育名家，留学英国伦敦皇家学院、美国密歇根大学教育学院，回国后在多地多所大学执教。他也特别提倡学生广泛求师请教，除了经常向本校教师学习之外，还鼓励我们多请校外专家赐教。"读千卷书，行万里路"是他时常提及的话。1983 年我刚入学不久，先生就带我去山东曲阜参会，除了引导我在会上向各位前辈学习之外，先生还专程带我去他的老友曲阜师范大学教授陶愚川先生家中做客。陶先生是有名的"怪教授",功底深厚,思路新奇,当时正在开辟中国教育史比较研究的新领域。听两位先生切磋学艺,我真是大受启迪,眼界也大为开阔。早期的博士生有支持访学的专项经费,先生因身体条件无法再带我长途奔波,他根据我博士学习期间的研究领域,悉心帮我选定访学对象,并分别向对方致电,为我铺好访学之路。我按计划依次游历西安、开封、上海、福州、厦门、广州等地的高校和研究所,拜会了诸多教育史名家及秦汉史大师,积累了大量资料,虽然只能按学生标准坐硬座车、住招待所,颇为辛劳,但收获极大,为日后的博士论文写作奠定了坚实的基础。

（俞启定,北京师范大学教授）

怀念恩师王焕勋先生[①]

先生小传

　　王焕勋（1907—1994），河北定县人。1935 年毕业于北京大学教育系，历任晋察冀边区二专区督学，冀晋行署教育厅督学、秘书，中宣部教育研究室研究员，中国人民大学教育学教研室主任，北京师范大学教育系教授兼教育学教研室主任，《光明日报》的教育副刊——《教育研究》主编，第一届国务院学位委员会教育学学科评议组成员。其撰写的《教育学讲稿》是新中国成立后最早的教育学教材之一，著有《论新中国的道德教育》一书，主编了《马克思教育思想研究》一书，译著有《苏联的工业和教育》。

---

　　① 　原文收录在《王焕勋教育文集》（江苏教育出版社 2011 年版），收入本书时略有修改。

先生箴言

教育、教养和教学三者是一个辩证的统一过程。就其区别性言，他们各有各的特点，不能互相混淆或互相代替；就其统一性言，它们又是互相联系、互相影响、互相包含和互相渗透的。

教育主要是在教养的基础上实现的。这就是说，只有掌握了自然和社会发展规律的科学知识，才能建立真正的共产主义的世界观。没有对于自然和社会的正确的认识，是不可能有正确的信念和世界观的。只有通过教学过程，一个人才能成为真正受过共产主义教育的人，也就是有高度教养的人，因为教学是教育和教养的基本途径；而在教学过程中教师是起主导作用的。可见教师任务的光荣和艰巨了。

人生之路是需要路标，需要指引的。我的学术生涯的一大幸事是大学刚毕业就来到王焕勋先生身边，做他的科研助手。从此恭陪先生左右，耳濡目染，感受先生温良恭谨的人格和宁静致远的胸怀，学习先生认真负责的工作精神和一丝不苟的学术态度。可以说先生的言传身教是我受用不尽的一笔精神财富。

记得刚到王先生身边，先生交给我的第一件工作就是做卡片。先生拿出一沓空白卡片，很婉转地对我说，自己年纪大了，眼神不好，让我选择一些好书、好文章做成卡片给他，他再从中筛选，进行阅读。卡片每天至少做一张，一个月下来就累积30余张。那时的学术文献不同于现在，还远未达到今天这样的数字化水平，一般的学术文献并无摘要和关键词，因此做卡片是偷不得懒的，必须首先把全文仔细地阅读一遍，然后在卡片上写出摘要。先生在看完我所做的卡片后，经常会就其中他认为重要的文献与我做进一步的讨论，帮助我加深对这些文献资料的理解。现在想来，先生真是用心良苦，以这样一种方式，督促我认真读书。那几年我在先生的指引下读了许多书，为以后的学术工作打下了丰厚的基础，甚至受益终身。

1985年，王先生主持了"六五"国家哲学社会科学重点项目"马克思教育思想研究"，这是先生晚年所做的最重要的一件事。该课题组的成员有黄济、王策三、孙喜亭、成有信、靳希斌等人，我也忝列其中。我深知，以我的学识和能力，是不可能胜任如此重要的学术研究工作的，这是先生对我的提携，是一次难得的学习机会。先生给这一课题规定的基本任务是正本清源，即从理论上解决教育思想中一系列长期混乱不清、是非颠倒的问题，这在"文化大革命"刚刚结束的那个时代是一件非常严肃、非常艰巨的事情，也是需要极大勇气和智慧才能完成的事情。在参与课题研究的全过程中，王先生对我进行了极其严格的学术训练。先生要求我认真通读马克思的著作并为此赠送我一套《马克思恩格斯全集》。他经常教导我读书贵在理解，即对理论观点要清楚、准确地加以领会和解释，如果理解有问题、出偏差，就可能失之毫厘、谬以千里。王先生自己在阅读马克思的著作时就始终抱持这一严谨、科学的态度。记得他在阅读马克思的《临时中央委员会就若干问题给代表的指示》一文时，曾多次与我讨论学术界长期存在的对其中某些观点的意见之间的分歧，并在悉心对照译文和原文的基础上找出造成这一分歧的症结所在，最后对译文提出了修改意见。写到这儿，我又找出了王先生为这一问题所写的《如何理解马克思关于教育的论述》一文。在该文的结尾处，王先生这样写道："马克思主义要发展，马克思主义的教育理论也需要发展。但发展的前提是理解正确，加强这方面的研究和探讨是很必要的。"文字无声，魅力自在，文中处处显现的严谨认真的学术精神和追求真理的科学态度，仍可惠及后人。

1986 年，我考取了王先生的博士研究生，成为先生的关门弟子。更为幸运的是，除王先生外，我的导师还有黄济先生。得以师从两位先生，并借助于两位先生的名望而能经常求教于王先生周围一批造诣很深的学者，如王策三先生、孙喜亭先生、成有信先生等，这是他人所不能及的。我们这一代人可以说是生不逢时，求学期间偏逢"文化大革命"，经历了"上山下乡"运动。我在农村待了 9 年之后才得以跨入大学校门，此时已年近三十，错过了最好的学习时机。如无王先生引路，如无这样一种学习环境的熏陶，如无这么多老师的帮助，我是绝无可能取得任何成绩的。饮水思源，让我再一次领会师恩难报。

王先生早年求学于北京大学，大学毕业即投身抗日救亡运动，1938 年赴延安，进陕北公学学习；1939 年到华北联合大学任教；1943—1947 年曾从事边区教育的领导工作；1947 年任中共中央宣传部教育研究室研究员；1949 年任教于华北大学二部教育系；1950 年任中国人民大学教育系主任兼教育研究室主任；1952 年任北京师范大学教授、教育学教研室主任，其间还曾兼任北京师范大学第一附属中学的校长。可以说王先生的一生兼有学者和革命者的双重生活经历，他身上集中了老教授和老干部的优点，既宽厚善良，又不失原则；既有浓浓的书卷气，又不失凛然正气；既具古色古香之雅韵，又含新世新意之美质。因之，先生于我而言，不仅是业师，而且是我做人的楷模。其影响之深，乃至于我至今在许多人与事的处理上还会以先生为准绳，去判断是非，决定取舍。

老子云："死而不亡者寿。"先生辞世多年，他的音容笑貌宛然还在眼前，他留下的精神遗产仍在激励后人，这种精神是不死的。心香一瓣，感念恩师曾经赠予的一切。

（劳凯声，首都师范大学资深教授）

我和先生十八年的师生缘

——纪念滕大春先生

先生小传

滕大春（1909—2002），北京通县人，当代中国著名教育史学家，我国新时期外国教育史学科重要奠基人之一。1929年考入北京大学教育系；1933年任山东省立第一乡村师范学校教员兼该校附属小学主任；1935年春担任安徽省义务教育委员会秘书，积极推行短期义务教育，成效卓著；1937年抗日战争爆发后，赴重庆任国立编译馆编审，钻研欧美教育史及欧美教育思想家的名著，写成《卢梭教育思想》；1947年赴美留学，在科罗拉多州立大学学习比较教育和外国教育史，先后获得教育学硕士和博士学位；1950年毅然回国，先后任河北师范学院、天津师范大学、河北大学教授，兼任南开大学教授。专著有《今日美国教育》《卢梭教育思想述评》《美国教育史》，主编的图书有《外国教育通史》。

先生箴言

在这里，我希望在世界比较教育史学科或科学建成以前，现在的比较教育学科和外国教育学科紧密地联系起来。美国有的高等院校把外国教育史、比较教育和教育哲学等三门科目组成一个学域（Area），是不无可取之处的。因为仅就各国现行的教育制度和现行的学校实际进行比较，不从其历史演变和哲学基础进行深入分析论证，就容易只知其现状和外形而不知其底蕴和本质，就容易流为只是教育事实的粗浅描述和介绍而缺乏应有的申论和评价。比较教育学者如能从各国教育如何源起和如何演变而进行比较和钻研，使人深知其产生和发展的社会背景和其所作出的贡献，就容易由现象的罗述而上升到理论的剖析了。

　　我最早知道滕大春先生的名字，是在湖南师范大学读本科期间。大约在 1981 年，我在长沙新华书店买了一本先生所写的《今日美国教育》一书，阅读时立即就被书中深邃的思想和精当的评述所吸引。

　　1984 年，我报考了河北大学比较教育硕士。为什么舍近求远报考北方的大学？一是该校研究生班招生名额多，录取概率大；二是导师一栏写着先生的大名，而先生的著作是我当时认真读过的少数几本教育学著作之一。

　　我参加硕士生招生考试面试时，恰好是先生在主持，记得先生问了一个有关《爱弥儿——论教育》（以下简称《爱弥儿》）的问题，刚好之前我在家乡的小报上发表过几篇关于卢梭教育思想的小文，还算仔细研读过《爱弥儿》。大概先生对我的回答还算满意，当场鼓励我将来有机会要研读外文版的《爱弥儿》。

　　我们入学时先生虽已逾 75 岁高龄，但仍然精神矍铄，没有丝毫的老态。他亲自给我们研究生班开设美国教育课程，颇为频繁地接触班里的同学。为了先生工作便利，河北大学决定为先生配备一名助手，但要由先生亲自物色人选。当时我们班 20 名同学来自全国各地，本科毕业院校有厦门大学、北京师范大学、东北师范大学、华中师范大学、河南大学、山东师范大学等国内名校，优秀者众多，选择余地很大。经过一段时间的考查，先生最终把我当作了首选目标，这大大出乎我的意料。

其实我当时完全没有留校工作的想法。在研究生中我是一个比较自由散漫的人，学习算不上刻苦，成绩也不出众，政治上也算不上积极。若是系里留人，应该不会选我。至今我也不明白先生为什么力排众议坚持让我留校，或许这就是常说的缘分吧。

从1984年攻读硕士学位到2002年先生仙逝，我有幸跟随先生整整18年。18年间，我和先生朝夕相处，耳濡目染，见证了先生晚年治学育人和与病魔斗争的点点滴滴，在这个过程中，我从一个不谙世故的稚嫩青年，逐渐成长成熟。

先生鼓励我树立治学的志向

先生早年毕业于北京大学，后来又获得美国科罗拉多州立大学硕士和博士学位，一生致力于教育学术研究。他常用来鼓励我的一句话是"学术之树常青"。

先生常就树立治学的志向向我现身说法。先生生于书香门第，祖父是清代举人，父亲曾任长春府视学。先生自幼在家中诵读四书和其他古文，遵守"非礼勿视、非礼勿听、非礼勿言、非礼勿动"的家训。读小学和中学时期先生一直是个品学兼优的尖子生，读高中时，作为一名热血青年，曾一度被国民党改组派的宣传所迷惑，在学生会所办刊物上撰文呼吁改组国民党。改组派失败后，先生怕受牵连逃回乡间避难，被父亲狠狠斥责："全家省吃俭用供给你入学，所盼是你学习本领去做事，不料竟以写文章骂人去闯祸。……咱家世代耕读，不问政治，有吃有喝，多么自在。何苦做此冒险的事。"此次经历，使先生下定决心好好读书学本领，不搞政治，走所谓的"超然之路"。

在北京大学读书期间，先生敬仰教授们的博学，羡慕他们的治学生活，立志从事学术研究工作。先生埋首读书，好学之心益强。"九一八"事变发生后，国难方急，先生难以割舍学校的学术气氛，乃走上"爱国不忘读书"和"读书不忘爱国"的道路。大学四年，先生热衷于纯粹的学术活动，避免卷入政治的漩涡。1932 年，先生获北京大学首届优秀生甲等奖学金，颇得师生赞誉。

大学毕业后，先生追随北京大学老师杨廉先后任职于安徽省和四川省教育厅，目睹和亲身经历了官场的腐败与险恶。1939 年，由于内部倾轧，杨廉竟被冠以贪污之名，被蒋介石下令枪决。老师之死让先生内心受到极大震撼，深感宦海无是非、无公理，自己应当明哲保身，远离这险恶的粪坑。从此，先生一门心思治学，一生未曾动摇。

抗战时期，先生在国立编译馆工作七年半，奉命编写教育辞典、教育名词、教育全书、教育年鉴和西洋教育家丛书，并撰成了《卢梭教育思想》一书，被友人诙谐地称为"手不释卷"和"笔不停挥"。1944 年，曾经的北京大学教师、时任西南联合大学训导长并负责"三青团"工作的陈雪屏以加入"三青团"为诱饵，许诺先生去西南联合大学教书，被先生婉言谢绝。先生说："我在编译馆已成书呆子，对于政治缺乏兴趣，联大如有恰当机会，当然愿往，如无恰当机会，亦不必勉强。"

1946 年，先生获取留学美国资格。从 1947 年春到 1950 年秋，先生先后获得硕士和博士学位。在美国期间，除了读书和听课，先生广泛了解美国的风俗习惯和生活方式，实地考察美国的学校，秉持"批判吸取"和"洋为中用"的原则，为自己今后的教育史研究奠定了扎实的基础。1950 年回国后，先生被教育部分配到地处天津的河北师范学院工作，终于圆了多年的教授梦。

我生于 20 世纪 60 年代初，小学和中学都是在"文化大革命"中度过的，对学术和治学毫无感觉，也就谈不上有好感，相反，知识分子"臭老九"的形象在我脑海中根深蒂固。先生在动员我留校时，多次鼓励我立志求学，他以自身的经历，向我展现致力于学术的大好前程。

1987 年，由先生领衔的河北大学外国教育史学科获得博士授权资格，是我国第一个外国教育史博士点，1988 年我成为先生招收的第一批博士生。当时商品经济大行其道，许多领域出现了"体脑倒挂"的现象，最典型的就是所谓的"造导弹的不如卖茶叶蛋的"，甚至出现了绝非个案的研究生退学现象。面对混乱的局面，先生心急如焚。他在当年教育系研究生开学典礼上告诫新入学的研究生："在商品经济冲击之下，厌学风盛行，有人做'富翁梦'，是大错特错了。一些青年由学位热而入学，见学位不值得热又想抛掉阵地，这都是对学术工作缺乏认识的表现。"他鼓励研究生要有远见："一时的倒挂终不会长久，趁年轻献身学术方为正道，国家不会总落后和久落后，学者的待遇终会提高的。到那时再搞学术定会悔之晚矣。"

在为全校研究生做《漫谈读书无用论》的专题报告时，先生朗读了自己所写的《闻厌学风有感》一诗，全诗如下：

> "读书无用"震耳鸣，老翁案上忽笔停。
>
> 滔天大祸吞幼者，怎忍失时敲警钟？
>
> 廿一世纪定飞腾，文盲科盲误苍生。
>
> 文盲怎垦月球地？科盲焉能制太空？
>
> 廿一世纪必腾飞，人间转瞬《新大西》。
>
> 科学兴国乃捷径，知识恰是上天梯。

厌学之风应急刹，拯救英材保国家。

科技时代真健者，知识力量大于它。

黄金夺志毁奇才，弃学经商务剪裁。

但愿狂澜得早挽，整风改制莫迟挨。

其实，在当时经商大潮的背景下，我也曾一度动摇过治学的信心。先生苦口婆心，耐心劝勉。他对我说："做学问是一项长期的事业，又是攀登高峰的艰苦事业，要持之以恒，不能半途而废，要把它作为一生的追求。"又说："我一生没做过官，但年逾八十还在岗工作，学校聘我为资深教授，又选我为全国劳动模范，这些不正是对我一生治学的认可和嘉勉吗？"先生的教导和鼓励，使我逐渐坚定了治学的志向。

先生身体力行，一生将学术研究作为自己的志业。其代表作《今日美国教育》《卢梭教育思想述评》《美国教育史》《外国教育通史》都是在他古稀之年和耄耋之年完成的，至今仍是外国教育史领域历久弥新的经典之作。

先生教我治学的方法

由于"十年浩劫"，我们这一代人文化基础相当薄弱，考上大学后，才开始有了系统学习的机会。虽然经过大学四年的"恶补"，但缺陷仍是明显的。先生对我的培养，采用了因材施教的方法，从基础抓起。

先生经常强调说："治学最重要的是基础。"他说自己的基础最初是在北京大学奠定的。在北京大学教育系读书期间，他广泛涉猎哲学、心理学和社会学等多种学科，如选修胡适讲授的中国哲学史、张颐讲授的西洋哲学史、陈大齐讲授的伦理学和认识论、汪敬熙讲授的生理心理学、吴俊升讲授的教育哲学和邱椿讲授的中国教育思想史。他还曾听许地山讲印度哲学、周作人讲日本文学、张崧年讲罗素哲学思想，更曾赴清华大学听刘文典、冯友兰等权威教授讲课。选修众多学科，接触众多名师，使他眼界豁然开阔，从而奠定了一生的知识基础。先生说：当时是慕名而学，为满足好奇心而学，未曾想到学习这些会有什么用途。以后从事学术研究时才领会其效益相当巨大，感受到各种知识互相联系、互为渊源，能使人从多方面和深层次去研究探索，不停留在表层的论断。他曾在哲学系的漫谈会上就学习问题请教时任北京大学代理校长的陈大齐教授，陈先生说："大学生不从深处和远处树立学识根底，仅从近前需要考虑，容易走上狭隘而浅学的窄路。"参加漫谈会的同学们也你一言我一语地讨论博雅教育的价值，认为过于拘泥于一时一事之用，必然局限自己的眼界和降低自己的追求层次。先生说："陈先生的循循善诱和同窗们的启发，让我初步领略了北大的特点和优点，端正和拓宽了我对于治学之道的认识。"

抗战时期，先生在国立编译馆曾问学梁实秋先生，梁先生告诉他："治学是根本，本固而枝荣。东抄西袭地玩弄文字的雕虫小技，是应引以为戒的，否则将沦为'稿子匠'。"他又请教熊十力先生，熊先生说："写书要有分量，即有充实而深刻的内容，否则一遇微风就被刮走了。你看见山坡上的大松树吗？它根深叶茂，在狂风暴雨中才能挺立不倒。"对此，先生铭记于心。

在美国留学期间，先生在比较教育范围内选定题目，撰写了博士学位论文。当时美国大学把教育哲学、教育史和比较教育三者组成一个学域，先生依靠自身经验判断，深感这是一个很合适的安排。因为三者脉络互通，不易割裂，否则知古而不知今或知今而不知古，或仅知当前而既不知古又不知外，或仅知其当然而不知其所以然（即仅见其表而不知其里），都会陷于一隅，或流于浅薄，不能窥见"全豹"和"真豹"。美国的学习经历，使先生更深刻地体会到了"能博才能深，要深必须博"的意义。

先生不劝勉研究生在攻读学位期间发表文章，却鼓励研究生把时间用于狠狠读书和钻研上。他说："硕士生和博士生阶段的主要任务是打基础，拓宽知识面，要多读书，不要急于发表论文。一心琢磨发论文，心就浮了，它会妨碍你培养深钻学术的后劲。"他还说："知识面广恰好似汲水的绳子长，如果绳子不够长，就不能从深井里打水。"

先生对博士学位论文的撰写提出了很高的要求。他认为博士学位层次最高，学位论文不是报章小册可比的，必须全心全力去撰写。他归纳了外国教育史博士论文存在的一些问题：堆积材料较多而无分析；抄译过多，不符合论文体例；采用历史事实时不加以认真核实，任意为之；选材不够精深，分析与论断不痛不痒，人云亦云；等等。他认为这些都是学术论文的大忌。最重要和最关键的是掌握充分的史料，呕心沥血地探索其究竟，真懂才是写作成功的保证。须痛下功夫，学力不足便开始写作是难以成功的。文章贵扎实，忌浮泛，须专心致志地下功夫，全心全力去撰写。他主张外国教育史研究还应重视资料的收集。他说："现在外国教育发展快而变化大，不看新资料是不易写出好成果的，应收取国外新资料、新成果、新知识，借以反映国际学术水平。"

先生十分鄙视"稿子匠"，对当时国内教育学术水平不高忧心忡忡。他常说："治学是扎实的工作，没有捷径可走，更来不得半点虚假。治学是长时期的工作，应以较远大的眼光来处理之。"又说："学术是真货，非群众运动所能解决。少而精的成果比臃肿不实的冒品高而精，历史性久而非一时之髦也。'打假'尤应用之于科研。"

早在 20 世纪 80 年代中期，先生就提出治学要打开交流的大门，要重视校际交流和国际交流。他反对关门办学和闭门治学，要求研究生遍访国内名师，要聘请外国教师来校任课。待条件成熟，研究生要出国做研究。从 1986 年留校给先生当助手开始，我有幸陪先生拜访了许多国内教育名家，老一辈的有毛礼锐先生、陈景磐先生、陈友松先生、王承绪先生、吴元训先生、孟宪德先生、朱九思先生，稍年轻一辈的有黄济先生、顾明远先生、王炳照先生等。聆听大师们交谈，获益良多，可惜我当时年幼无知，未能将谈话内容记录下来。

先生非常重视对博士生治学能力的培养，他对师生课堂讨论情有独钟，认为这是训练博士生的最佳方法之一。我读博士时，先生一周给我们上一次课，课本用的是克雷明（Lawrence Archur Cremin）的英文原版著作《美国教育史》（*American Education*）（3 卷本）。每次课前我们必须阅读一二十页的原文，课上再就书中的问题展开讨论，不认真读书或读得少，课堂讨论是很难进行下去和深入展开的。20 世纪 90 年代后期，我当了导师以后也常常参加先生和博士生们的一些讨论，基本是一月一次，近九旬的先生几乎是乐此不疲。1996 年底，先生在写给我的信中专门谈到讨论课的好处，他说："上月你和建强及润华两同志来京，真使我欢快于怀。我觉得这样的深入讨论很符合博士研究生学习探索的要求，他们两同志都在自己阅读的基础上提出很有分量的问题和心得，你和我参加讨论和分析，人人大为开动脑筋和提高认识，全场热热烈烈而笑逐颜开。我希望本月和下月再举行两次这样的座谈，还是由他们根据自学各抒己见，咱俩也各做准备和畅所欲言。"

1999 年底，先生因脑出血住院，每月一期的座谈戛然而止。之前不久，先生刚刚过完九十岁生日。

业师兼人师，师恩永难忘

先生是业师，亦是人师。他说："研究生导师是业师兼人师，要对学生的品德负责。"他又说："治学离不开做人，道德文章不能分割。"他以身边的例子告诫我，先做好人，才能做好学问。自私自利，要小聪明，狂妄自负，目中无人，都是做学问的大忌，应引以为戒。

先生深受中国传统文化的熏陶，骨子里流淌着深沉的家国情怀。早在念高中时，济南惨案发生，先生积极投入学生会的反日宣传。先生上大学时，"九一八"事变爆发，又参加了北京大学学生的反日游行。先生信奉"救国必须读书，读书才能救国"，将主要精力放在读书学本领上，以期用知识报国。即使在抗日战争时期，面临敌机狂轰乱炸的危险，先生仍能刻苦读书。"战时衣食苦，读书滋味甜"，是他在艰难时期的生动写照。

在美国留学期间，先生如饥似渴地学习西方的教育理论，目的即在于将来回国后能用自己之长报效国家。当新生的中华人民共和国号召留学人员回国工作、中国台湾当局也曾试图拉拢留学人员时，先生毅然选择了大陆。他的道理十分简单："我的父母在大陆，妻子也在大陆，我是投奔光明而去的。"1958 年，时任中央教育科学研究所研究员的曹孚先生曾为先生写过一份证明材料，全文如下："滕大春同志在 1947 年春到 1949 年秋之间与我在美国的波尔德城同学，相处二年半，情况比较熟悉。据我所知，在这段时期，他没有参加什么政治活动。他当时的政治态度似乎是'中间'观望，对共产党没有认识，对国民党反动派也已有些失望。1949 年全国解放时，留学生中间的一些顽固反动派坚决不想回国，滕大春同志是决心回国的，这说明他是倾向于接受新政权的。他回国以后，我们接触不多，但据我的印象，他从一种爱国主义的情感出发，在新旧对比的基础上，对新社会是拥护的。"遗憾的是，曹孚先生在"文化大革命"中含冤去世。

先生是一个有情有义的人，他尊师重道、谦和敦厚，鄙视损人利己和见利忘义之人。在北京大学读书时，他仰慕老师们的学识，和吴俊升、杨廉、陈雪屏等教授频繁接触，在收获学识的同时，与老师们建立了较密切的师生关系。杨廉对先生有知遇之恩，大学毕业后，先生应杨廉之约到安徽省教育厅工作，被委以重任；杨廉在四川省教育厅任职后，又聘先生为教育厅设计研究委员和省督学。杨廉被捕后，先生受其妻委托照料在狱中的老师，隔数日到军法监送食品和衣物，还时常到吴俊升、梁颖文（杨廉之友，时任行政院参议）、殷锡明（杨廉之友，时为国民党中央委员）等处替老师打探消息和托人情，但最终杨廉还是被蒋介石下令枪决了。

先生的血液中流淌着传统知识分子的美德。他敬老爱幼，不多的工资除了供奉父母，还要资助被打成"右派"的有6个孩子的弟弟一大家。先生与妻子相敬如宾、相濡以沫。师母小先生近十岁，曾是山东一个大户人家的千金。先生高兴时，曾向我讲述他和师母认识的经历。大学毕业后，先生曾在山东省立第一乡村师范学校任教并兼附小主任，当时师母是该校的学生。不知什么时候先生看中了师母，遂托同事说合，一来二去终于俘获了师母的芳心。师母的父亲得知消息大发雷霆，亲自从乡下赶到济南找先生兴师问罪。未来的岳丈大人气势汹汹，没想到见面一聊火气全消。先生不无得意地说：当时我二十四五岁，风华正茂，一表人才，且谈吐得体，用才学征服了同样知书达理的岳丈大人。师母嫁给先生后，一生扶助先生治学，照料先生生活，实现了陪伴一生的诺言。先生去世当日，当我们将先生从病房转移到太平间时，躺在病床上已成植物人的师母眼角瞬间流下了惜别的泪水。三个月后，师母即随先生而去。

先生从教 60 多年，桃李满天下。他对晚辈和众多学生的关爱及尊重有口皆碑。顾明远先生小先生整整 20 岁，两人私交甚笃。顾先生曾说："我虽然没有直接师从滕先生，但也可以算得上是他的编外弟子。在我们交往二十多年的时间里，我受到他的教诲甚多，受益匪浅。"王炳照先生称先生是他"崇敬的师长"，"他正直崇高的人格和执着严谨的学风是永驻我心中的楷模"。吴式颖先生与先生结识近 40 年，她曾说："长期参与滕大春先生主持的科研与教学工作，使我亲身体验了他老人家学识的博大精深和无比的亲和力。"任钟印先生自称先是做了先生 30 年的私淑弟子，而后才有机会结识先生。他说："先生留给后人的珍贵遗产不仅仅是 200 多万字的文字，更难能可贵的是先生的精神、人品、道德、气度、风范。我们纪念滕大春先生，更应着重继承和弘扬他的崇高精神，在做学问以前，先学会做人，做高尚的人，在学术领域保留一片纯洁的地盘。"

我追随先生 18 年，先生对我的关爱自然更多一些，要求也更严一些。除了学术和工作，为人处世方面我也时常受先生点拨和指导。记得我成家不久，有一次爱人生病了，我在家照顾了两天，突然收到先生的来信。信中说："听说你以我为范例，家事一概不做，都交你爱人。我的老伴很不放心，特别叫我写此信劝你千万要照顾病人，多辛苦些。我也认为你应如此，特写信劝你。"这次是先生听信"谗言""冤枉"我了，就我长期的观察和对比，在干家务活这块，我远比先生在行。师母曾当我面"取笑"先生说：如果某天午饭后让先生刷一回碗，后果会很严重，因为整个下午和晚上先生就静不下心来做学问了。

20世纪90年代后期，正是河北大学教育史学科青黄不接之时，我和先生在年龄上相差了半个多世纪，为了让我成为合格的"接班人"，先生在我身上花费了太多的心血，先生对我的苦心栽培几乎到了"揠苗助长"的地步。在先生精心安排下，我31岁就晋升为副教授，35岁破格晋升为教授，36岁被评为博士生导师，成了当年全国教育学最年轻的博士生导师。让先生欣慰的是，虽然多次被"揠苗助长"，但先生帮我树立的治学志向，没有半途夭折。

本文作者与滕大春先生，摄于20世纪90年代

先生的女儿告诉我，先生在生命的最后两年，虽然一直饱受病痛折磨，但几乎稍有好转就要给我写信，经常梦见我到北京接他去河北大学上课。先生病危时已认不出在身边日夜守护的亲人，有时还莫名地发脾气，但见到我时竟能叫出我的名字。见此情景，先生的女儿伤心又委屈的眼泪夺眶而出……。在最后的日子里，先生曾嘱咐女儿说："我死之后，家里的东西你都可以处理掉。唯独我的书和稿件不可以，你要将所有的书交给贺国庆，请他捐给学校。另外，将我未整理完成的书稿送给贺国庆，他是我最信任的学生。"

如今，先生离开我已整整 16 年，我也将步入耳顺之年。2012 年底，在先生去世 10 年后，我因故离开了先生工作了半个多世纪的河北大学，不知在天堂的先生眼里，我还是不是他最信任的学生？但无论走到哪里，我不会忘记先生的教导和嘱托；也深深祝愿先生的精神在河北大学和中国教育学界能够继续传承下去并发扬光大。

谨以此文纪念滕大春先生诞辰 110 周年。

（贺国庆，宁波大学教师教育学院教授）

追忆傅统先先生^①

先生小传^②

　　傅统先（1910—1985），云南澄江人，回族，中国国民党革命委员会党员，博士，教授。1932年毕业于上海圣约翰大学，1950年获美国哥伦比亚大学教育哲学博士学位，1952年任山东师范大学教育系教授、系主任。中国现代哲学家、教育学家、心理学家、翻译家，我国教育哲学学科的重要奠基人之一，著名的穆斯林学者。主要从事教育哲学、教育心理学、逻辑学等方面的教学及研究。著有《教育哲学讲话》《教育哲学》《中国回教史》等书，译著有《经验与自然》《教育科学与儿童心理学》《确定性的寻求——关于知行关系的研究》《人的问题》等。曾兼任中国教育学会

　　① 本文根据《傅统先教授的学术人生》整理而成，原文为人物访谈，载于《教育学报》2010年第5期，经《教育学报》编辑部主任李涛整理后收入本书。
　　② 先生小传由郑州大学教育学院讲师王哲先撰写。

第一届常务理事，山东省教育学会名誉会长，民革山东省委常委，山东省政协第四、第五届常委等职务。

先生箴言

我们要对自己的生活有自决之权。我们不能满意这种盲目的生活，我们要使这种生活合理。我们要能够选择一种合理的生活方式。

哲学只是帮助我们对于人生认识得清晰一点、深刻一点。至于我们应该身体力行，实际生活的一方面，这便是教育的工作了。所以教育比较是着重在行为的方面。教育就是要使我们过着这种经过检讨过的生活，就是要使我们切实的去追求人生价值。

　　傅先生在《我的思想发展过程》一文的最后说："我已年逾古稀，除带领一位研究生外，甚愿为教育科学的理论建设竭尽绵薄。"文中所说的这个研究生就是我。有人告诉我，傅先生晚年住院期间，对去看望他的山东师范大学的领导说：我一生教过很多学生，最有希望、最有哲学头脑的就是陆有铨了。这话傅先生没有在我面前讲过，我也无法判断真假。不过，傅先生确实对我比较好。他跟我谈话，总带有一种商量、讨论的口吻，从不疾言厉色，这跟他温和谦逊的性情也有关系。我是他第一个、也是唯一一个从头带到底的研究生，他对我寄予较大希望，也是可以理解的。因为师生关系融洽，他对我很信任，跟我讲过很多自己过去的事情。傅先生逝世后，他的家人把他的所有藏书、手稿及书信等都交给我处理，使我对他的学术和人生有了更加全面深入的了解。

　　傅先生有个特点，从来不让别人替他写稿子，更不用说在别人（学生）写的文章上挂名了。他写文章，从查资料到撰稿，事必躬亲，像写自传一类的东西就更是如此。他写东西出手很快，往往是一气呵成。他晚年还有一个习惯，即写稿时用圆珠笔，外加两页复写纸，写完后一式三份，交给出版社一份后，自己还有备份。记得我在读书的三年间，只给他抄过一篇稿子。他的做法也深深影响了我，我也从不让学生替我做事，更不会主动要求或暗示在学生写的文章上挂名。

　　傅先生在 20 世纪三四十年代的哲学界相当活跃，他和张东荪两人都是唯心论的主张者，立场接近，所以能谈到一起。我至今仍然保存着张先生写给傅先生的十多封信。那场关于辩证唯物论的论争，从大的历史背景来看可能夹杂着某些党派和政治因素，但傅先生参加论争，完全是出于学术上的目的，跟党派、政治斗争没有关系。即便如此，在新中国成立后傅先生不愿也不敢提那档子事。傅先生不是国民党员，也不参与政治活动。他跟我说，他当时担任立法委员完全是政治斗争的结果。当时孙科和李宗仁竞选副总统，都想让自己的人当立法委员。孙科一派力推东吴大学法学院的一位教授，李宗仁一派则通过白崇禧做傅先生的工作，力推傅先生。白崇禧也是回族，他出面找傅先生，傅先生不能拒绝，只好当了一回被动的立法委员。做立法委员，是可以给自己捞钱的。比方说，一个立法委员若与米商做好了扣儿，在立法院会议上声称大米紧缺，要涨价了，报纸马上就会报道出去，导致恐慌、哄抢、涨价。米商赚了钱，自然也会"报答"那位立法委员。可傅先生不干为自己捞钱的事儿，也不谈政治。他在立法院大声呼吁的都是中小学教育问题，发表的都是教育方面的见解。所以，新中国成立后，审查他那个时候的发言时，找不到他任何"反共"言论。傅先生还笑着对我说："我解放后倒真是成了国民党员（民革党员），但那是党要我做的。"

　　傅先生与刘佛年先生曾结下深厚友谊，终生不渝。新中国成立后，刘佛年先生曾先后任上海师范大学和华东师范大学校长。记得我读研究生的时候，有一次在傅先生家里吃饭，用的是一个红木饭桌。傅先生告诉我："前天，刘校长来看我。他指着这张饭桌说：'我当年曾在这个饭桌旁吃过你家好多饭呢！'你看，他都已经当了多年的大学校长了，还记得这些事情，还来看我。刘校长这个人好着呐!"刘校长对傅先生确实没的说。傅先生晚年，能把户口从山东迁回上海，就是刘校长给办的;傅先生的女儿从浙江调到上海，也是刘校长出的力。那个时候，能弄到上海户口比出国还难，不是刘校长出面是办不到的。他们俩的关系一直很好，直到傅先生去世。

傅先生去世那一天，恰巧山东师范大学任命我当教育系副主任。我清楚地记得，那是1985年的3月2号。我刚得到任命，就接到傅先生去世的消息。那天我连夜乘火车前往上海，第二天一早赶到上海的时候，傅先生已被送进了太平间，我没能见到他最后一面。我受山东师范大学领导的委托全权办理傅先生的后事。那个时候办事不像现在，有钱就行，很多事儿比方说用车，有钱也办不了。我就去找刘校长，他那时已是名誉校长，时任校长是袁运开。刘校长说:"你不要紧张，我来帮助你。"他就从华东师范大学校长办公室、教科院抽出来几个人，由我调配。最后，傅先生的后事办得很体面。讣告和发讣告用的信封（上面落款"傅统先教授治丧委员会"）都是由华东师范大学印刷厂精心制作的。出殡那天，灵堂里摆满了大大小小的花圈，上海教育界（主要是华东师范大学的人，包括刘校长和袁运开校长）和宗教界的很多人参加了追悼会。华东师范大学的一个车队，几乎全用上了。时任山东师范大学副校长的张建义代表学校参会并致悼词，山东师范大学来的人也有一部专车接送，主要是为了维护山东师范大学的尊严。当时一个司机很纳闷，就问我:"你们跟华东师范大学什么关系呀?我们一个车队全用上了。"其实，傅先生的丧事能办到这个份上，与刘校长有莫大的关系。

改革开放后，傅先生重操旧业，除了发表不少研究西方教育理论流派的论文外，还与张文郁先生合作完成了《教育哲学》一书。

这件事情与教育哲学这门学科的恢复与重建有关。1979年，国家召开了一个全国教育科学规划会议。会议决定：除了恢复"文化大革命"前的课程之外，还要恢复新中国成立前的一些课程，教育哲学就是其中之一。要恢复教育哲学这门课程，就得有教材。由于傅先生教过教育哲学课程也写过教材，会议遂委托傅先生来做这件事，傅先生顺便拉上张文郁先生一起做。既然要改变从苏联学来的教育学课程模式，那么，"一纲一本"的做法也要改变，故会议同时决定北京师范大学王焕勋、黄济两先生也编写一本《教育哲学》教材。由于王焕勋先生年岁大了，身体也不好，这项工作就由黄先生一人承担了下来。

这样，傅先生和黄济先生就分头着手去做了。傅先生在这些事儿上从来不劳动学生，所以，这本书的成书过程我也不太清楚。但成稿以后发生的一些事，我有所了解。该书初稿成于1982年11月。书稿交到一家出版社以后，在一位审稿人手里耽搁了很久。后来，教育部为这本书稿还专门召开了一次座谈会，有一二十位代表参加，我作为秘书专做会议记录。我记得黄济先生、王道俊先生等也参加了这次会议。我印象最深的就是王道俊先生，他说话的时候精神非常专注，每句话都很到位。代表们发言的整个基调是肯定这本书的。肯定是肯定，实际上最后是不了了之，始终不出这本书。那次会议的记录，我曾保留着，现在能否找到就不好说了。这大概是1983年发生的事。

1985年，傅先生去世。办完丧事后，学校领导问他的家属还有什么要求。家属就建议把那本书稿出版。因为我是系主任，学校就让我去办。我找到了山东教育出版社。山东教育出版社有关负责人对我说："书可以出，但有一条——必须经过你的手，你要加以修改。"那一年，我正好受学校委派到美国做访问学者，就赶在出国前的一两天，把书稿整理完交给出版社，第二年就出版了。

（陆有铨，华东师范大学终身教授）

"师范"的完美诠释

——怀念王承绪先生[①]

先生小传

　　王承绪（1912—2013），江苏江阴人，1936年毕业于浙江大学并留校任教，1938年赴英留学，曾任诺丁汉大学讲师和伦敦大学教育学院研究员，精通英语、法语、德语、俄语等多国语言。中国比较教育学创始人之一、教育家、浙江大学教授、比较教育专业博士生导师。1972年中国恢复在联合国的合法席位之后，成为中国政府首批派出的在联合国教科文组织工作的学者之一。2003年，荣获联合国教科文组织"亚太地区教育革新终身成就奖"，成为全球唯一获此殊荣的教育专家。与顾明远先生合作主编了新中国第一部《比较教育》教材，此外，其他编著和主编的作品

---

① 原文刊发于《外国教育研究》2014年第4期，收入本书时略有修改。

有《伦敦大学》《比较教育学史》《中外教育比较史纲》《英国教育》等，单独翻译和与他人合作翻译的作品有《民主主义与教育》《教育原理》《杜威学校》《高等教育哲学》等。主持翻译的"汉译世界高等教育名著丛书"是中国高等院校比较教育学、高等教育学专业的经典教材，产生了广泛的社会影响。

先生箴言

国际比较教育领域正在发生最引人注目的变化，表现在具有变革和创新发展性质的三个崭新的领域：一是日益注重创业型大学成长策略和创业教育模式；二是日益强化可持续发展教育以及绿色教育策略；三是日益提升产学政联盟教育平台和国际教育网络。对于创业教育、绿色教育和国际教育的比较研究和应用推进必将带来我国教育改革和创新的新机遇，从而以持续变革引领跨越发展，以联盟合作推进教育的改革创新。

2013 年，王承绪先生仙逝，是中国和世界比较教育界的重大损失，也是无数比较教育同行特别是王先生弟子心中之痛。

王承绪先生一生，秉持强烈的爱国情怀，孜孜不倦，博览群书，练就了慧眼识珠的能力，紧扣中国教育事业改革和发展的时代需要，在引进、借鉴国外优秀成果中发挥了重要的"桥梁"和"窗口"作用。他开创性地主持或独立完成了系列里程碑式的研究课题，得到了中外比较教育界极高的评价，被联合国教科文组织授予"亚太地区教育革新终身成就奖"，被中国高等教育学会授予"高等教育科学研究特别贡献奖"。

王先生的一生，是鞠躬尽瘁地为中国教育特别是比较教育事业不懈奋斗的一生，也是取得辉煌成就的一生。学高为师，身正为范，王先生的一生完美地诠释了"师"和"范"的意蕴。我在此谨向恩师致以崇高的敬意！

道 德 楷 模

德之大者爱国也。王先生的"身正"首先体现在他深切的爱国情怀上。

王先生在 20 世纪 30 年代受到教育救国论的影响，形成了学习借鉴国外优秀经验发展本国教育事业的观念。在浙江大学学习时，他就发表多篇文章，介绍意大利、苏联、波兰、墨西哥、土耳其等国的教育经验。①

1938年受庚款资助，王先生赴英留学。在英国留学期间，为了打破日本帝国主义的文化封锁，为了将国外最新出版的有重要学术价值的出版物介绍到国内，王先生在时任商务印书馆总经理王云五先生的支持下，毅然担任了《东方副刊》编辑委员会总干事和重量级撰稿人。②

这其实是王先生当时的一个重大抉择，因为这个总干事做起来非常不容易。要统筹安排各期（两年多的时间，共20期）主题及组稿、联络，而当时缺钱、缺人手、缺稿源。但王先生顾全大局，勇挑重担，亲自撰写了该刊近十分之一的论文③，很好地完成了著名的《东方杂志》赋予该刊的重大政治使命。不过，正如料想的那样，这耗费了王先生太多时间，到第二次世界大战结束浙江大学竺可桢校长破格邀请王先生到浙江大学担任教授时，王先生已经来不及完成博士论文了。

这时的王先生再一次做出了他的人生选择：为了践行教育报国的诺言，他听从祖国和母校的召唤，毅然决定不再在伦敦继续攻读博士学位，放弃令人留恋的英伦生活，尽早回国服务，并在完成联合国教科文组织筹建工作之后，急切地登上了返回祖国的第一班船。

新中国成立后，王先生秉持教育兴国的理念，为新中国的教育事业勤奋工作。改革开放后，他更是以前所未有的热情投身教育研究事业。他紧扣中国教育事业改革和发展的时代需要，亲自翻译或主持翻

---

① 阚阅. 王承绪先生与比较教育的世纪情缘［N］. 中国社会科学报，2010-09-16（9）.
②③ 陈伟，郑文. 超越战争的战时比较教育研究：论参与创办《东方副刊》时期的王承绪［J］. 比较教育研究，2012（4）：24-28.

译出版了 26 部国外经典著作，为国人架起了通向国外教育理念与实践的知识和智慧的桥梁。

2010 年 10 月，在中国教育学会比较教育分会和浙江大学为王先生举行的王承绪教授百岁华诞庆祝会上，王先生说："衷心感谢你们为我办庆祝会！与其说是为我庆贺，不如说是为中国教育事业和比较教育学的发展庆贺！"当一名记者问起在 100 岁生日这天，老人有什么心愿时，王先生用力握拳挥舞手臂，高呼"希望我们的祖国强大！"这无疑鲜明地表达了他老人家发自内心深处、深藏了一辈子的愿望。

王先生的身正，还具体体现在他一个个生活细节上。

虽然王先生德高望重，有着很大的社会和学术影响力，但他生前对每一个学生的指导无微不至，润物无声。他在日常与学生交往时平易近人，给我们慈父般的温暖。

我博士毕业整整 14 年了，但我十分清楚地记得，我在博士论文初稿中写"enrollment"这个词时漏掉了一个"l"，写成了"enrolment"，王先生帮我改了过来。还有些标点符号、字母大小写的问题，王先生也细致地帮我改正了。关于博士论文题目的英文，我虽然不记得我本来是怎么写的，但我现在还清楚地记得王先生帮我改成了"A Study on ……"。

我收藏的王先生亲自为我的一本专著写的推荐信，使用了浙江大学教育系的稿纸，一格一字。足足 4 页的文字，字字工整，句句精到，尽显王先生一丝不苟的工作作风和深厚的学术功底。王先生这封推荐信围绕着"立足本国，放眼世界"的要求、求真务实的学风、最新理论和信息的传播、创造性观点的提出等对我的书进行了阐述。这些对我本人是一次极好的再教育。

1999年，本文作者在博士论文答辩会上与王先生（左三）及答辩委员的合影

    我珍藏的王先生写的书信共有8封，明信片有2张，都是王先生在85岁到95岁期间写的。这样一位德高望重的老者为我这样的普通晚辈和学生写明信片，每次对我的触动非一般言语所能形容。每一次阅读王先生的信，我都深切感受到王先生字里行间的谦逊有礼以及对学生的爱护有加。拉家常，向我通报同学近况，向我的家人问好，是每封信必有的内容。信件中他有时对我称呼"您"字，"谢谢""敬祝"是常见词。读王先生的书信，我既对王先生的谦辞感到不安，也对王先生的为人感到钦佩。

    我博士毕业多年后，有一次偶然听到林正范师兄提起，王先生曾向他打听过我工作调动的事情。其实，考虑到王先生的年岁，我毕业时没有烦请王先生帮我联系。他是主动地、默默地为一个学生的发展在操心。

    我每次去看望王先生，他都会问及我家人的近况。他90岁高龄后还跟我聊起我女儿曾经在她黎学平师叔的杭州大学博士生宿舍门上留下的一幅梅花鹿简笔画。前几年，王先生还说到我女儿的名字，让我转达他的问候。在王先生还能走路的时候，我每次拜别王先生时，他都要送我下楼，并站立良久，远远地挥手道别，目送我渐渐离去，就像一位父亲送别即将离家的孩子。

王先生喜欢跟我们学生在一起。2013年元旦，我和师弟陈伟、郑文、李振玉去看他，他还说谢谢我们去看他，说高朋满座令他很高兴。6月份我和我的研究生一起去医院看望他老人家时，他握着我的手，很久很久没有松开。王先生去世前20天，我、赵蒙成夫妇、黎学平去看望他，虽然他说话已经很艰难，但他还是尽力说出我的名字，说出"谢谢看望"这四个字。

王先生就是这样，通过自己的人生抉择和工作、生活中的点点滴滴，教我们如何爱国、如何敬业、如何爱学生、如何尊重人、如何做一个谦谦君子。

顾明远教授曾经说过，他早些年来往杭州时王先生每一次都要亲自接送①；还说"王承绪先生的道德文章，我们一辈子都学不完"②。连德高望重的顾先生都如是说，我们这些后生更是深感如此。王先生不仅是我学业上的导师，更是我做人的导师。

与 时 俱 进

王先生一生爱知识，爱学术，爱真理。书籍、杂志是他的生活伙

---

① 顾明远. 博学笃行的学界楷模：庆贺王承绪先生百岁华诞 [J]. 比较教育研究，2010（9）：1-3.

② 我国著名教育学家王承绪教授今天100岁：年过九旬依然坚持岗位，为学生上课，编译外文著作 [EB/OL]. (2010-10-09) [2014-01-18]. http：//edu.zjol.com.cn/05 edu/system/2010/10/09/016987796.shtml.

伴,手不释卷是他的生活写照。

我1996年进入杭州大学学习,师从王先生。那时王先生已经84岁高龄,但我常常看到王先生进出教育学院资料室,手上提着满满一袋书。有一次我看到那些书实在太多、太沉,就跟随王先生,帮着把书送到他家里。

民盟中央副主席、前浙江师范大学校长徐辉教授在一篇回忆王先生的文章中写道:在系资料室"看着先生快速准确地从那相当拥挤的数十排书架中取出我们要找的资料,我们常常感到非常惊讶。后来我担任系主任时,曾经向图书管理员了解过,系资料室的图书杂志谁查和借得最多,他们异口同声地告诉我是王先生"①。顾明远先生曾经回忆说:王先生每次应邀去北京,一下飞机就直奔国家图书馆,去查阅最新的图书资料。② 我人生第一次了解到的一些概念,比如在线学习(e-learning)、美国社区学院的冷却功能(cooling-out function of American community colleges)、大学的使命(university's mission)等,都是从王先生那里听到的。

王先生在近90岁高龄时仍然不知疲倦地学习和工作。2001年12月出版三部个人译著:《研究生教育的科学研究基础》《探究的场所——现代大学的科研和研究生教育》《高等教育不能回避历史——21世纪的问题》。2003年和2008年又分别出版《建立创业型大学——组织上转型的途径》和《大学的持续变革——创业型大学新案例和新概念》两部译著。这两部都是关于国外创业型大学的。这体现了王先生对我国将来大力促进这类大学发展趋势的预判和期盼。

---

① 徐辉.士志于道 不舍昼夜:回忆王承绪先生关于比较教育研究几个重要问题的看法[J].比较教育研究,2010(9):4-8.

② 顾明远.博学笃行的学界楷模:庆贺王承绪先生百岁华诞[J].比较教育研究,2010(9):1-3.

中国大量非一流的大学如何通过艰苦创业来扩大办学空间和提升办学质量，是我国高教界的一个重大问题。王先生的预判无疑是有战略眼光的。2009年，王先生主编了《发展中国家高等教育模式的国际移植比较研究》一书，再一次彰显了老一辈学者毕生为党和国家服务的精神和气度。

在人生旅途的最后几年，王先生常住医院。但在病房里，我依然看到了各种教育专业杂志和国家重要报纸。在医院里，王先生依然能够畅谈国内外教育最新发展趋势，令人惊异。

王先生这种手不释卷的精神、与时俱进的态度、兢兢业业的作风，始终激励着我们努力进取。也正是王先生这种对知识、对真理的不断追求，为其达到一个个学术高峰奠定了雄厚的基础。

学 术 高 峰

王先生的教育研究生涯历经 80 余载，在担任《东方副刊》总干事时期达到第一个高峰，在改革开放后达到第二个高峰。[①] 造就这些高峰的，既有重量级的原创性学术成果，也有大批重量级的译著。

王先生与其他学者合作主编的《比较教育》教材、《中外教育比较史纲》，以及他撰写的《比较教育学史》等是极具开拓性的原创性佳作。王先生在英国教育研究、比较教育学科建设方面的一些论著也是重要的原创性成果。

王先生在外国教育重要成果译介上的贡献和影响力，恐怕至今是中国教育学术界无人能及的。而这种译介对中国教育发展功德无量，

---

① 陈伟，郑文. 我国比较教育研究的奠基者：记王承绪先生的学术生涯 [J]. 教育发展研究，2010（Z1）：27–31.

因为近代中国社会发展总体上落后于西方，新中国成立后中国教育一度向苏联一边倒，与西方教育的交流隔绝，而西方的一些先进的教育理念和科学的实践探索，对我国教育改革和发展具有重要启示价值。

在编辑我翻译的西班牙比较教育学家加里多的《比较教育概论》时，人民教育出版社资深编审诸惠芳老师写信跟我说，王先生不愧是"慧眼识珠"，推荐了这么重要的一本书翻译给我国比较教育学界。王先生这种慧眼识珠的本领，无疑根植于王先生深深的爱国情怀，放眼世界时立足中国；来自王先生终生手不释卷、时刻跟踪国际教育的学术潮流的习惯。

南京大学龚放教授等人的研究结果也印证了王先生慧眼识珠的能力。根据他的研究，我国2000—2004年被引用次数最多的30本译著中，王承绪先生领衔主译的5本著作入围，占总数的1/6。① 在2005—2006年教育学论文被引用次数最多的53本外国著作中，王先生及其弟子翻译的外国高等教育名著有12本。在被引用次数最多的前八名译著中有一半是王先生翻译或组织翻译的，在被引用次数最多的前五名中居然有三种！龚放教授说："王承绪先生及其团队在我国教育学领域，特别是高等教育学领域引进、借鉴外国研究成果进程中所起的'桥梁'和'窗口'作用，由此可见一斑。"②

翻译在国际学术界的重要性已经得到了广泛的认同。1991年，国际翻译工作者联合会将每年的9月30日确立为国际翻译日。从1992年开始，该联合会每年都提出了不同的翻译日主题。其中，有些主题实际上是对翻译工作重要性的一种概括。比如，1992年国际翻译日的

① 龚放，白云.2000—2004年我国"教育学"研究报告（续）：基于CSSCI的论文和论著影响力分析[J].教育发展研究，2006（19）：83-86.

② 龚放.中国教育研究领域学者、论著影响力报告：基于2005—2006年CSSCI的统计分析[J].复旦教育论坛，2009（2）：35-45.

主题是"至关重要的纽带",1995年的主题是"翻译是发展的钥匙",2002年的主题是"翻译工作者是社会变革的促进者",2011年的主题是"翻译之桥,沟通文化"。王先生通过译介外国教育名著,很好地充当了打开外国教育之门的"钥匙"、联系中外教育的"纽带",以及中国教育变革的促进者。

王先生一生通过26部译著和一批原创性、基础性著作,奠定了中国比较教育学必要的知识基础和基本的方法论体系,为中国比较教育学的发展做出了巨大贡献。许美德教授称王先生为"中国最有影响力的比较教育研究者""比较教育的领军人物"①,已经给王先生的学术影响力做了最恰当的定论。

恩师的爱国情怀、道德修养、治学精神以及学术精髓,都是我一辈子学不完的。我将终生以王先生为楷模。

愿先生之灵安息九泉!

(万秀兰,浙江师范大学国际与比较教育研究院教授)

---

① HAYHOE R. Portraits of influential Chinese educators [R]. Hong Kong, China: Comparative Education Research Centre, The University of Hong Kong, 2006: 43.

"怪"教授陶愚川

先生小传

陶愚川（1912—1998），浙江绍兴人，中国现代著名的教育史学家。1934年毕业于上海大夏大学教育学系，获教育学学士学位；随后赴日本早稻田大学和美国密歇根大学攻读教育哲学和教育史，获教育学硕士学位；1938年回国，先后在国立师范学院、西南师范学院、中山大学师范学院、上海大夏大学教育学院执教，任教授，主讲中国教育史、西洋教育史等课程；1946—1950年，曾兼任上海大夏大学教育学系主任、上海乐群中学校长等职务；1950年从香港回内地，在泰安部队转干速成中学短暂任职后调入曲阜师范学院。先后写出了10部共400余万字的教育史书稿，但目前唯有《中国教育史比较研究》出版。自出版以来，该书因内容丰富、体例新颖、见解精辟、方法创新而深受教育史学界的称赞。

先生箴言

　　我国汉代的太学在世界高等教育史上和欧洲的雅典大学、亚历山大利亚大学等同处于最古老的地位；我国的教育曾经有过一个时期（唐代）是亚洲各国模仿的重心，日本就在这个时候吸收去了我国大量文化；在我国教育发展过程中，曾经产生过伟大的教师和教育学者，他们配合着中国社会发展各阶段的情况，创造过伟大的教育理论，推动了中国教育的前进，给我们遗留下光辉灿烂的教育文化遗产。因之，中国教育的研究，可以使我们对于伟大祖国有更深刻的认识："我们爱护我们的祖国，所以我们应该好好地知道我们祖国的卓著历史，谁要知道历史，他就能更良好地领会现在的生活，他就将更善于同我们国家的敌人进行斗争，并巩固社会主义。"

　　说起陶愚川先生，20 世纪七八十年代从曲阜师范学院毕业的学生大多数都知晓，但了解他的人寥寥无几。陶先生孤身一人在曲阜师范大学生活工作了四十多年，没有一个亲朋好友，除了听他课的学生外，听到他讲话或同他讲过话的人不是太多。在众人眼里，他是一个十足的"怪人"，他的过去、他的生活、他的学术研究，都是一个谜。

　　1981 年 9 月我来到曲阜师范学院读书。读书期间，我不时在食堂或校园路上看到一个拄着拐杖、有着白白的头发、脸上布满皱纹、戴着一副黑框眼镜、握着一个破旧的搪瓷茶缸、身穿灰不溜秋的衣服、踽踽独行的长者，周围的人多数都远远地望着，小声议论着，无人主动上前和他打招呼，也没有看到或听到他主动与人说一句话。慢慢地，从同学和老师的口中，我知道了这位老先生是陶愚川，是留过洋的知名教授，也道听途说了他的零零碎碎的"历史故事"。

　　我与陶先生有联系，是在工作以后不久。1987 年 9 月，陶先生被查出患有严重的高血压症，且严重营养不良，学校决定将其送往泰安疗养院治疗，需要有人陪护。但陶先生一贯怕麻烦别人，拒绝了学校领导的好意。无奈之下，教育系的领导对他说，一位年轻教师刚从华东师范大学学习归来，下学期准备讲授《中国教育史》，知识与能力均不足，需要他指导备课，也能帮助他查找资料以完成《中国教育史比较研究》（当代卷）的撰写工作，这才得到了他的允许。就这样，我与陶先生在泰安疗养院一起生活了四个月，每天的交谈内容基本以学问为主题，但生活与过去也不可避免地有所涉及，因此我对于陶先生的"怪"也有了进一步的了解与理解。

陶愚川先生的"怪"，体现在以下几个方面。

痴情于教育史研究五十多年，殚精竭虑、百折不挠

陶愚川先生 1912 年出生于浙江绍兴，其父陶成勋是清代的秀才，以行医为业。陶先生 1934 年毕业于大夏大学（华东师范大学前身）教育学系，获教育学学士学位；同年赴日本早稻田大学，后到美国密歇根大学攻读教育哲学和教育史，获教育学硕士学位。1938 年回国后，他先后在国立师范学院、西南师范学院、中山大学师范学院、上海大夏大学教育学院等院校执教，任教授，主讲中国教育史、西洋教育史等课程，并曾兼任上海大夏大学教育学系主任、上海乐群中学校长等职。

新中国成立以后，百废俱兴的场面使陶先生激动不已，他决心写一部新的中国教育史著作，为新中国的文教事业尽一份心、出一份力，以表达自己对中国共产党、新政府的敬意和拥护。然而，当时他还没有工作，闲居在家，个人的微薄积蓄不足以维持其研究和写作的需要，他不得已，只好前往香港向父亲和大哥求助。陶先生的大哥陶百川曾任国民党中央日报社社长，兼营大东书局。弟弟的到来自然令大哥高兴万分，其力劝陶先生留在香港任职，并为他办理了去台湾的手续。年迈的父亲也劝说陶先生留在他身边，这样大家彼此都有照应。这令陶先生非常为难。他去香港本意是求助，没有留下来的打算，但父亲和兄长的盛情好意也实属难却。他想，中国的文化中心在大陆，离开这片土地，还有什么中国教育史呢？在亲情与事业之间，他选择了后者。1950 年 9 月 19 日凌晨，他毅然与父兄诀别，信心十足地踏上了

归程，开始了自己研究中国教育史的新征程。

回到上海以后，他先在华东人民革命大学政治研究院接受思想改造并参加了选聘考试，1953年1月被分配到山东泰安部队转干速成中学任历史教员，在繁忙的教学工作之余，他挑灯夜战，熬过了无数个不眠之夜，完成了一部60余万字的《中国教育通史》书稿。随即，他给学校党组织写了一封信。他在信中写道："本书修改及增补完成后，决定全部贡献给国家，并以之表示我对伟大领袖毛主席的由衷敬意，表示我对中国共产党的由衷敬意！"

1957年调入曲阜师范学院以后，陶先生由于埋头写书而遭到了非议。为了不中断教育史的研究与写作工作，1958年底他毅然向学校领导递交了停职申请，回家乡写书。陶先生回到了绍兴县平水镇，居住在一所周围没有邻居的茅草屋里。由于工资和粮食供应都取消了，他只能靠不足两千元的存款维持生活和写作。其间，他多次到上海图书馆查找资料，在极端困难的情况下，为了节省开支，他住最便宜的旅店，吃最简单的饭菜，在图书馆和旅馆之间步行。他甚至曾在火车站候车室过夜，买5分钱一个的烧饼充饥。就是凭着这股锲而不舍的劲头，陶先生在故乡的茅草屋里一鼓作气完成了《中国近代教育思想史》《中国明清教育思想史》《中国宋元教育思想史》《中国隋唐教育思想史》《中国魏晋南北朝教育思想史》等5部书稿，共80余万字。之后陶先生将5部书稿用红绸布精心包好，献给了中共绍兴县委。

彼时，他的积蓄已经全部花完，几件像样的衣服也变卖完了，离职写书的计划只好作罢。1961年1月，身无分文的陶先生又回到了曲阜师范学院。他先是在图书馆当管理员，后转入外文系做教师，在此期间，他仍然继续自己的教育史研究和写作工作。就是在"文化大革命"期间，他也没有完全放下手中的笔，白天跟"牛鬼蛇神"们一起劳动改造、挨批斗，晚上在"牛棚"里埋头写书。红卫兵闯进来，叫骂道："你在干什么？"先生说："写教育史。"红卫兵听后说道："瞧你这熊样，能写教育史？"随后把他的书稿乱撕一气，走了。而后陶先生从头至尾把书稿里的内容补齐。就这样，他又接连写出了《中国秦汉教育思想史》《中国新民主主义教育史》《中国社会主义教育史》三部书稿，又将其献给了曲阜师范学院党委。令人痛惜的是，以上书稿全都在动乱年代遗失了。

1981年，陶先生的历史问题得到了澄清，学校为他恢复了教授职称。多年来压在心头的巨石终于卸下，他感到从未有过的轻松和愉快。虽然彼时他已经快七十岁，但他依然壮心不已，写作热情异常高涨，决心另起炉灶，写一部新的教育史著作。他在原有研究的基础上，运用了比较的方法，仅用几年时间就独立完成了《中国教育史比较研究》（多卷本）的书稿。这本书稿是写在几分钱一本的笔记本上，大多是用圆珠笔写的，行文常常没有标点，引文也大都是凭着记忆写下来的，虽然内容大致不错，但核对和校改很费工夫。应山东教育出版社的要求，学校指派时任《齐鲁学刊》主编的徐文斗教授带领几个年轻学者帮助整理，最终该书稿于1985年出版。

陶先生在美国学的是教育学，新中国成立前在几所大学教授的是中外教育史，1950年之后却一直在教授英语和历史，与教育史研究基本无关。尽管如此，陶先生始终没有改变写一部新的教育史著作的志向。他几十年来孤身一人，忍受了常人难以忍受的孤独和寂寞，像苦行僧一样悄悄地躲在角落里默默耕耘。十部书稿对任何一位从事研究的人来说，都是一份了不起的成就，但是陶先生从不把凝聚着心血与汗水的书稿当作私有财产，当作向党和国家讨价还价的资本，而是无私地奉献给党和人民。

竭力避免与人交往，也不愿意参加集体活动，内心不对任何人打开，整个后半生都默默无语

陶先生是20世纪30年代的留学生，留美期间与毛礼锐先生是前后级同学，新中国成立前又在多所大学担任教授、系主任，学术地位是很高的。但新中国成立以后，他与学术界同人从无联系，跟本校、本系的同事也不来往，平时基本不讲话。

1953年被分配到山东工作以后，陶先生的心理落差是很大的，没有实现回到大夏大学任教的回国初衷。在泰安部队转干速成中学任教期间，陌生的环境、不如意的工作，迫使其通过埋头写书来逃避现实。从那时组织对他的鉴定可知，他除了上课不参加单位的一切集体活动，包括教研活动，与同事、学生的关系疏远。

1957年来到曲阜师范学院以后，陶先生先是在外语系教外语，后又到图书馆做管理员，学校让他干什么他就干什么，他也不与人争抢什么。他一直独身，常常是到城里买一只烧鸡或油条、油饼，一边走一边吃；遇到对面有熟人走来，就赶紧把正在吃的东西塞进口袋里。当时有一个传言，说陶先生讲课的时候掏粉笔，有时竟从口袋中掏出油条或鸡骨头来。他是留学归来的新式学者，本来穿戴是很讲究的，但他当时也不管这些了，穿戴很随便，也懒得去洗。"文化大革命"的时候，因为他有海外关系，一些人就给他贴大字报。那时大字报就糊在他住的那间平房外面的窗户上、墙上。玻璃窗被大字报糊住了，白天也得开灯。后来灯泡坏了，陶先生也不买不换，白天黑夜都待在小黑屋里。有光线就看看书，没光线就睡觉。再后来，陶先生被迫退休，受到和当时的"黑帮分子""牛鬼蛇神"一样的对待，每月领18块钱的生活费。他无话可说，也不争什么。陶先生由于特殊的家庭背景和孤傲的个性，在"反右运动"和"文化大革命"中蒙受了许多不白之冤，而不公正的待遇更加剧了陶先生对人际交往的恐惧和心理防卫。1958 年，陈信泰先生从北京师范大学调到曲阜师范学院，主动去看望陶先生，陈先生跟陶先生说是毛礼锐先生介绍他来的。陶先生回答说："很好，很好。我就这样，你不要找我，我没有什么好说的。"一直到"文化大革命"结束，他们基本上没有什么来往。1979 年，为了招收教育学硕士研究生，陈信泰先生又到那个小黑屋去找陶先生，请他帮忙，陶先生说："我可以帮你带研究生，可以开一些课，还要写一本书，但我不参加政治学习。"后来，在陈信泰先生的呼吁下，学校恢复了陶先生的名誉和工作，但陶先生性情始终没有改变，仍然牢牢地闭着嘴，封锁着自己的心灵。在泰安疗养院一起生活的四个月，我们之间的交流也是少得可怜，我如果不问他，他就整日一言不发。即便是问答式交谈，除了学术问题，其余皆是只言片语，对于"过去"几乎更是不谈。"他封锁了自己的内心，就像为一只保险箱上了锁，然后销毁了密码。"[①]

对待教学工作，认真、严格、一丝不苟，赢得领导与师生的一致称赞

陶先生对待教学如同科研一样严谨，对待学生如同著作一样热爱。在他的个人档案中有一份他在山东泰安部队转干速成中学工作期间的自我检查和组织鉴定，其中，陶先生严谨的教学态度得到了学校党组织的表扬。

在曲阜师范学院外语系任教期间，陶先生先后教了 8 年与教育史风马牛不相及的英语语法课，撰写了很多份英语语法讲义，全部发给了学生。每次上课，他总是早早提着马蹄表等候在教室门口。他从不要求学生替他擦黑板，每次讲完课后都要将讲台收拾干净再离去。他

---

① 李新宇. 想起了陶愚川 [EB/OL]. [2018-11-05]. http：//biog.sina.com.cn/xzzy.

备课、批改作业极其认真。凡是布置学生做的作业，他都要亲自做一遍，有时批语往往比学生的作业还长。由于他精通英语、日语，又有留学经历，加上他学识渊博，能讲出东西来，很快就把学生吸引住了。

1978 年，陶先生已开始写作《中国教育史比较研究》。恰在此时，中国人民解放军九一医院的领导到学校来请求支援，为医护人员补习英语。学校领导认为陶先生留过学，英语功底好，又可以就此解决生活问题，于是就与其商量。他二话没说，愉快地答应了。自 1978 年 6 月至 1979 年 1 月，整整一个学期外加寒暑假，陶先生把全部精力都放在培训班的教学上。面对这些人到中年，有着强烈求知欲的白衣战士，他恨不得把全部英语知识一下子教给他们。学员们自己加码做作业，他就详细地给他们批改。课后许多人向他请教，甚至休息时也有人找上门来，他总是毫不厌倦地予以解答。医院领导及学员们被陶先生深厚的功底和高度的负责精神所感动，以至 1981 年 7 月原济南军区后勤部要在医院举办主治军医以上人员英语提高班，又指名请陶先生来上课。又是一个学期加上寒暑假，他再次推迟了教育史著作的撰写计划，把宝贵的时间和心血贡献给了与自己学术研究无关的医学英语教学工作。

陶先生以自己高尚的师者风范深深感化了学生，赢得了学生的普遍尊重。山东省教育科学研究所的刘世峰教授是陈信泰、陶愚川等教授联合培养的"文化大革命"后入学的第一批教育学硕士研究生。他读研究生期间，曾写了一篇 3 页纸的关于"学而优则仕"考证方面的文章向陶先生请教，几天后陶先生给他回了 8 页纸的修改意见，详细到某本参考书在图书馆哪排书架上。陶先生的严谨、认真、博学令刘世峰十分惊讶，并牢记在心。1996 年刘世峰教授不幸患癌症在济南千佛山医院住院，我去看望他，正碰到他在病床上为研究生修改毕业论文，我劝他要多休息。他跟我谈起这件事，并说："比一比像陶先生这样的前辈，我们做的差远了。"

陶先生是一个不愿意照相的人，他生前的相片极少。从他的档案中只找到了不同历史时期的两张照片：一张是 20 世纪五十年代工作证上身穿中山装的一寸免冠黑白照片，冷峻、干练、双目炯炯有神；另一张是晚年的休闲照，不合身的白衬衣、纯白的头发、黑框眼镜、弯曲的背，当年的神韵虽已不复存在，但仍然是一幅倔强的面孔。我凝视这两张照片良久，有很多的感触。岁月偷走了陶先生的青春，但没有偷走他的执着和梦想。《中国教育史比较研究》（3 卷本）的出版，实现了他撰写新的中国教育史著作的夙愿。他将出版社所发的稿费直接交给学校图书馆，兑现了自己"把研究所得贡献给人民"的诺言。

（张良才，曲阜师范大学教育学院教授）

缅怀我的导师李秉德先生[①]

先生小传

李秉德（1912—2005），河南洛阳人，我国当代著名教育学家。1928年进入河南大学预科学习，1930年升入本科，主学英文，辅学教育，次年主修教育；1934年本科毕业后被河南开封教育实验区聘用，从事"廉方教学法"实验；1936年进入燕京大学攻读研究生，1937年中断学业；1947—1949年，先后在比利时大学，瑞士的洛桑大学、日内瓦大学的卢梭学院和法国巴黎大学等院校学习，并成为皮亚杰的首批中国学生；1949年回国；1950年响应中国共产党的号召，到西北师范大学任教；20世纪50年代初加入民盟；1981年被国务院批准为全国第一批教育学科（教学论专业）博士生导师。

[①] 原文收录在《李秉德文集》（教育科学出版社2005年版）中，收入本书时作者进行了修订。

李秉德教授长期致力于课程与教学论方面的研究，是新中国教学论、教育科学研究方法、小学语文教育等学科领域的开拓者和奠基人之一。曾任西北师范大学校长，西北师范大学教育科学研究所所长，第六、第七届全国政协委员。主要专著为《小学语文教学方法》，主编的书籍有《教育科学研究方法》《教学论》，其中《教学论》一书获全国普通高校优秀教学成果二等奖。

先生箴言

我是一个教师，现在带着研究生，任务是教书育人，也就是教导自己的学生怎样做人与治学。自己做与要别人做，精神是一致的，仍离不开老实二字。要在处理好师生关系的基础上去积极引导他们走上正确的做人为学的道路。我总结了八个字：那就是"关心爱护，严格要求。"

博士生硕士生都是经过严格考试选拔出来的，他们志愿从事清苦的教育事业。领导上把培养他们成才的任务交给我，他们都是我从事的这个专业的接班人，将来要为国家的教育事业做贡献。因此，我爱护他们，关心他们的成长，关心他们的疾苦，维护他们的利益，尽力帮助他们。尽管个人的力量是有限的，但这颗爱心却是非常重要的。有了这颗爱心，师生关系就可建立在一个坚固的、深厚的相互信赖的基础之上。有了这个基础，在对他们提出严格要求时，他们就能衷心地接受，从而在为人与治学上一步步向前迈进。

爱心决不意味着放任自流。恰恰相反，必须在为人治学两方面对他们提出严格要求。就为人来说，重要的不在言教而在身教。但也不

111

能靠无为而治。有不正确的思想苗头要及时指出来,犯有错误时决不姑息。以理服人,以情感人,他们是会从内心深处接受的。

一个人的学术成长往往得益于老师的影响。我时常庆幸自己在学习与专业成长过程中，有幸遇到如此多的好老师。他们的教导、示范、鼓励和引领，成为我职业生涯最珍贵的人生财富和不竭动力。其中，最让我感念的便是李秉德先生。

1983 年大学毕业后，我被分配到甘肃省教育厅高教处从事国际教育交流工作。我从全国研究生招生目录中看到，西北师范大学唯一的博士点是教学论专业，导师为李秉德教授。1985 年 7 月，当时联合国教科文组织亚太地区"教育革新为发展服务"计划的负责人拉蒂夫博士在当时中国联合国教科文组织全国委员会徐锦源处长陪同下考察甘肃省教科所，之后专程拜访了李秉德先生（李先生时任甘肃省教科所名誉所长），我作为教育厅的外事干部全程参加了这次活动。记得当时与李先生见面的时间很短，具体谈了什么已经记不清了。但是，李先生和蔼亲切的举止、与来宾用英语交谈的情形给我留下了十分深刻的印象。同年，世界银行专家组来甘肃实地考察基础教育贷款事宜，李先生携学生杨爱程应邀向外方专家介绍了甘肃省基础教育面临的实际困难与需求，为引进国际援助做出了贡献。

1986 年，我通过国家公派留学人员考试，荣获"中澳文化交流奖学金"资助，赴澳大利亚昆士兰大学进修学习。我利用这次难得的机会，聚焦澳大利亚中小学校长专业发展的实践与相关理论，进行了专题研究，并就甘肃省开展校长培训工作提出了相关工作建议。在此基础上，我完成了教育管理学硕士学位课程。

重归教育行政岗位后，我仍然积极工作，但在终日忙碌之余，开始感到国外所学专业不能派上用场，不由生出些许焦虑，踌躇了一段时间仍不得其解。终于有一天，我忐忑不安地叩开了李秉德先生的家门。在沐浴着夕阳的书房里，李先生饶有兴趣地听取了我在国外求学的体验和心得，并不时地给予我热情的赞许。先生当即表示，如果我愿意，欢迎到他那里接着读教学论博士课程。我一开始婉言谢绝了，因为在外学习期间，同事和家人已经替我承担了很多事务，怎能开口提出再去学习的要求呀！先生看我为难的样子，很理解地笑着说："只要想学习，在哪里都是可以的。"他拿出一本由他主编的《教育科学研究方法》，认真题字——"赠给张铁道同志"，落款是"李秉德，1987. 11. 4"。

回家之后，我急切地打开书读起来，立刻就被李先生那深刻而平实的叙述所吸引。先生在书中开宗明义，首先就从人的全面发展、生产力发展、社会进步以及人类文明传承等维度谈到教育对于人类的重要价值。他继而指出，仅仅知道教育的重要性还不够，还需要按照教育规律办事，因为教育科学的价值在于指导实践者按照教育规律办事。他还指出，教育科学包括很多学科，其中主要的有教育学、教育史、比较教育、心理学、教学论、教育管理学、教育社会学、教育经济学等。李先生特别看重对教育科学方法的学习，他强调"一要尽可能学得全面些、系统些，不要流于一般化、浅尝辄止；二要创造性地学习，即要针对我们教育工作中的新情况、新问题，博采各种教育理论之长，用来解决我们教育工作中的实际问题"。关于研究方法，他还指出教育科学具备客观性、准确性、系统性、规律性、可验证性等特点。为此，他倡导研究人员追求创造性，有吃苦头的思想准备，"有勇气去克服在进行科学研究的过程中所遇到的大大小小的困难"。他还热切期待研究人员与广大教育工作者开展合作。教育研究者的品德修养与研究态度是李先生特别看重的品质，为此，他提出，"热爱真理、忠诚老实，严肃认真、一丝不苟，解放思想、独立思考，不畏艰险、勇攀高峰，谦虚谨慎、团结互助"应是一名研究人员的基本素养。①

捧读先生的著作，我联想到自己在国外学习时寻觅方法论依据的那份挥之难去的焦虑以及在现场采集资料时常常出现的茫然感，真有一种与先生相见恨晚之感。

之后，我积极投入到甘肃省与联合国教科文组织合作开展的革新实验研究项目之中，并于1988年调入甘肃省教科所工作。其间，我们的工作也多次得到李先生的指导。1993年8月，中国联合国教科文组织全国委员会委托全国教育科学规划领导小组办公室对于我们与联合国教科文组织合作实施的"甘肃省全面提高小学教育质量综合革新实验研究"（为期8年）进行了专家鉴定。我代表课题组汇报研究成果，专家组针对甘肃省利用国际项目资源并结合全面提高小学教育质量的实际需要而开展的综合性教育革新给予了高度评价，同时也指出应当进一步提高研究的理论水平。专家们的殷切希望使我萌生了继续学习的愿望。

1993年秋天，我在甘肃省教科所的支持下，如愿以偿地考取了西北师范大学博士，师从李秉德先生学习教学论专业，从此便与李先生结下了深厚的师生情谊。

李先生的求学经历、教育生涯以及他对于学术的诸多见解是我们这些学生极为丰富的学习资源。他16岁进入河南大学，受邰爽秋先生

---

① 李秉德. 教育科学研究方法 [M]. 北京：人民教育出版社，1987：3-14.

影响，形成了高度的社会责任感，立志用教育来救国富民；实地考察晏阳初和梁漱溟先生的农村教育实验的经历唤醒了他献身教育的精神追求。早在1931年，19岁的李秉德就深刻认识到"教育是推动社会发展的原动力"。他在《论所谓适合社会需要的教育》一文中写道："教育的最伟大、最神圣的责任不仅在于满足现在的需要，它的难能可贵之处乃在于其能指示社会，领导社会，使之趋于更高的理想，以推动社会之进化。"借助教育完善社会是他的终身理想。大学毕业后，他于1935年被聘为开封农村郊区的大花园实验学校校长。他清醒地指出，在一个以农业人口为主体的国家，教育就应当为农民服务，"要挽救目前中国教育的危机，其第一任务便是要把教育的重心从城市移到乡村里来"。他身体力行，在导师李廉方先生的指导下，成功引导小学生用两年半时间完成了当时普通学校四年的学业，赢得了社会广泛的认可，这项工作被称为"两年半制"实验。1936年，李先生考入燕京大学，成为乡村教育奖学金研究生，系统学习农村教育相关理论。其间，他还会同同学们实地考察了晏阳初先生的县政实验、梁漱溟先生的乡村建设、陶行知先生的生活教育实验、高践四先生的民众教育实验、邰爽秋先生的民生教育实验等。1947年，李先生获得公费留学名额，先后到瑞士、法国、英国、比利时、荷兰等国进行专业学习和教育考察。新中国成立后，李先生满怀一腔报国热情，归国参加社会主义建设事业，受命前去西北师范大学从事教学和研究工作。五十多年来，他始终不渝地忠诚于自己挚爱的教育事业，在完成教书育人任务的过程中，勤于笔耕，在小学语文教学法、教学论、教育科学研究方法、教师教育、研究生教育等方面取得了创造性的学术成就。他深深钟情于教育事业，时刻记挂着西北师范大学，记挂着他的教学论专业。2004年10月，他又一次通过文字表达了自己的心愿：假如有来生，我还会从事教育事业，我还会当老师。

李先生善于学习，引导我们积极学习新事物。在研究生学习阶段，华东师范大学叶澜教授《让课堂焕发出生命活力》一文在《教育研究》发表之后，先生马上让我们到他家进行学习研讨。他首先结合叶澜教授的文章之于教学论的丰富意义对文章进行了讨论，对于文体也大加赞赏。那一天李先生的夫人梁老师（一位心理学教授）也说："叶老师的文章写得很美。"李先生不放过一切学习机会，每当学校有中外教育专家的报告，他总是坐在前排，向前倾着身子（先生听力不好），并努力做笔记。讨论时，他总是带头提问并给予积极评价。我由于工作关系，经常深入基层或外出，我了解的信息或获得的见闻也成为先生的素材。每次回来，先生总是很认真地听我讲述这些信息或见闻中所涉及的教育问题以及自己的想法，并与我进行深入的讨论。记得有一次我和先生谈到自己对于"学院派"的感受，我认为学院派的本意是要追求真理性知识，要执着地求真、求善、求美，所以必然要强调批判、不破不立。然而，若无意间将这种对于知识追求的"学院派"标准推及对人的评价，尤其是对通过学习不断完善的人的评价，甚至攻其一点不及其余，就会导致人际关系的紧张。因此，应当倡导不必对一切都求全责备的态度。我主张应当将对知识的态度和对人的态度区别开来。闻此言，先生笑曰："我同意。你最好能给同学们都讲讲。"

李先生十分注重实践，强调理论与实践的有机结合。先生早年的实践经历、广泛的学术研究以及对于他人实践的考察，都成为他之后开创具有本土特色的教育科研方法和教学论的重要基础。我们学习他的著作时，时时都能体会到先生在兼容理论与实践方面所达到的水乳交融的境界。20 世纪 80 年代后期，甘肃省与联合国教科文组织合作开展的"全面提高小学生学习能力水平实验项目"（亦称"JIP 计划"），曾一度遇到来自学术界和行政部门的各种怀疑与排斥。困难时期，李先生旗帜鲜明地站出来力排众议。他说："我认为'JIP 计划'是'工作加研究'，即一边实践，一边研究，这没有错。"他的话对于参与这项工作的同志是极大的鼓舞。

先生在西北师范大学培养研究生的过程中，总是鼓励学生深入到教学改革实践中去发现问题、研究问题、总结经验。我还清楚地记得，1994 年夏天我们的两位导师——李秉德先生和李定仁先生亲自带领李瑾瑜、徐继存和我一起到兰州市七里河区的小学听课。李先生尤其尊重具有创新性的实践。他写道："科学研究成果总须有一定的创造，总须在已有的研究水平上增添哪怕是一点新的成分才行。否则，人云亦云，无益于实际，没有什么意义，不能算是科学研究。"他热情鼓励实践工作者研究教育，指出："凡是教育工作者，具有一定的研究能力，就可以从事一定的研究工作。"2002 年他在《一个老教育工作者的心声》一文中，高度评价了江苏省南通市特级教师李吉林老师将教学创新和理论创新并举的精神，认为广大中小学教师都应该向她学习。2004 年 6 月，我受甘肃省教科所所长景民同志委托，前去先生住所请他为该所成立 20 周年题词。没有想到，李先生当天就挥笔写下了即便在今天也能让广大中小学教师和教育研究人员为之一振的话语——"教育工作者只要能在理论与实践的结合上做出一定的有创新意义的贡献，那就是教育科学研究。科学研究并不是少数人的专利。祝贺甘肃省教育科学研究所成立 20 周年"。

然而，李先生留给我最厚重的教益还在于他的治学态度和人格修养。先生特别强调学生要成为一名合格的教育科研工作者必须具有科学的态度和科学道德。

李先生告诫我们在学习上要热爱真理、忠诚老实；对待工作要严肃认真、讲求方法；在科研过程中要解放思想、独立思考；在实践探索中要不畏艰险、勇攀高峰；在与人相处中要谦虚谨慎、团结互助。先生给予我们众多学生的既有严师的期望、父母般的宽容，还有朋友般的关怀。我在先生指导下学习的几年正值甘肃省国际教育合作活动非常频繁的时期。我作为甘肃省教科所的主要负责人，同时还是甘肃省教育厅引进国际项目的骨干，工作任务非常繁重，有时上课不得不请假，作业也常常赶得很仓促。为此，我经常感到十分焦虑歉疚，唯恐辜负了先生的期望。有时赶到先生家中补课，上课之余，他和师母梁老师都会为我准备丰盛的饭菜（先生家人后来告诉我说，你每次走后剩下的饭老人们要吃好几天。每次想到这些我都感到十分惭愧）。1995 年初春，我因为过于劳累，突然病倒住进了医院。出院后，我立刻赶往学校。来到先生家中，他见面的第一句话就是："我和梁老师本来要去医院看你。可就是不知道你住在哪里。问谁都不告诉我们。"他似乎看出了我的不安，连忙安慰我说：你的情况和别人不一样。学习是一辈子的事，别着急，课程可以延长一年。后来我于 1995 年 11 月至 1996 年 5 月担任日本广岛大学客座教授。他又亲自写信提醒我："你现在的任务是在那里按应聘要求把工作做好。你把那里的任务完成好，无形中就给你的博士学业打下了难得的基础。论文题目可暂时不确定，只要不出教学论的大范围即可。答辩时间可以推迟，而且事实上也必须推迟。早几个月，晚几个月毫无关系。所有这些都不是什么问题。希望你安心工作、学习。"

我的博士论文是《亚洲发展中国家普及教育中的课程改革研究》，当我将正式的学位论文交给先生时，先生十分高兴，他让我在他对面的沙发落座，语重心长地说："你有经常深入基层做教育项目的机会，还建立了广泛的国内外联系，加上这几年的学习，在教育事业上应当有更大的作为。各位同学都是国家的人才，你们彼此之间应当互相帮助、相互支持。教学论的天地大得很，每个人只要努力都能找到自己的事业和价值。"他还告诫我说，"要'功到名实'——有了扎实的工夫，名也就自然实了。不要忙着写书，而应深入到教学第一线去，才能对教学论学科建设做出自身应有的贡献。"

博士学位论文答辩如期举行，在各位评审专家的热情鼓励下，我非常荣幸地通过了由华东师范大学叶澜教授亲自主持的博士学位论文答辩。在叶澜教授宣布答辩委员会评审意见后，李秉德先生应邀讲话。他对于我在研究生阶段的学习进行了积极的评价，他认为，对于我的培养是西北师范大学教学论专业一种新的研究生培养模式。他希望我能将获得学位作为继续追求学术的加油站，不仅自己做好教育教学研究，还要带动全省的教育科研工作。直到那一刻我才真真切切地感受到，教学论博士课程的学习只是我学术追求的一个新开端。我想的更多的是自己怎样进一步学习才能做出更大的学术贡献，不辜负学校的教育和先生的期望。

先生和我的故事并没有随着学业的完成而结束。我和家人从甘肃来到北京，加入了北京教育科学研究院的队伍。初来乍到之际，业务工作的背景和研究的方式都迥然不同，一切都要重新开始。那段时间我的工作压力很大，连续两个春节都在伏案工作中度过。2002年春节，我给远在兰州的先生打电话拜年，谈到自己还没有成果的焦虑。先生宽慰我说："你别急。只要你认真地实践了，学习了，有了心得，就能写出好文章。"知我者，先生也！

我最敬佩的是，耄耋之年的先生进入21世纪之后，还在不断学习，不断思考，不断创造。2002年夏天我去看他，先生就送给我他当时完成的关于教师教育的一篇文章。后来，先生因病住院，病床上他还兴致勃勃地给我讲，国家倡导的"与时俱进"提得好！关键在于这个"时"字。"时"就是变化了的情况和局势，认识、把握好了"时"就能发展。对于国家是如此，对于一项事业是如此，对于教学论学科的发展更是如此。更让我们钦佩的是先生于2003—2004年先后在《教育研究》《教育科学研究》《班主任》《师道》发表了4篇论文。先生用自己的行动说明了作为一名研究者应如何与时俱进。

以上只是从一个学生的角度谈谈我所认识的李秉德先生，其实这远远不能充分反映我从先生处领受到的启迪、感悟和关怀。在结束本文时，我只想说：我为能成为先生的弟子感到非常幸福，先生的人格魅力、学术思想和创新精神，成为值得我终身学习的榜样。

（张铁道，北京教育科学研究院原副院长）

一位革命学者的教育学探索

——追忆陈元晖先生

先生小传

陈元晖（1913—1995），原名道煌，福建福清人，我国著名哲学家、心理学家、教育学家。1930年考入福建省立师范学校，毕业后到福州实验小学任教。1936年9月考入中央大学心理学系，1938年加入中国共产党。1940年赴延安，任《中国青年》杂志编辑、延安中央研究院教育研究室研究员。1947年任哈尔滨大学副教务长兼教育系主任、实验小学校长。1950—1952年任东北师范大学附属中学首任校长。1951—1954年任东北师范大学教育系首任系主任。1954—1956年任人民教育出版社教育编辑室主任。1956—1964年任中央教育科学研究所研究员。1964年后任中国社会科学院哲学研究所研究员。曾任中国教育学会副会长、中国心理学会副理事长、中国社会心理学研究会理事

长。曾任国务院学位委员会学科评议组成员。主要教育学、心理学论著有《实用主义教育学批判》《马赫主义批判（论文集）》《论冯特》《中国现代教育史》《中国教育学史遗稿》《教学法原理》《皮亚杰论儿童的逻辑思维》《中国古代的书院制度》《老解放区教育简史》《社会心理学丛书》《陈元晖文集》《中国近代教育史资料汇编》等。

先生箴言

有学术流派的存在，才有百家争鸣的需要，才能活跃学术的讨论，真理才易于求到，中国教育学界就是因为没有不同的学派，所以也没出百家争鸣的学风，这就是教育学这一门关系人类百年大计的科学不能有长足进展的重要原因之一。

研究教育理论必须有教育实验基地，这从马卡连柯的事业上得到证明，又从苏霍姆林斯基的事业上再一次证实这一真理。研究教育理论不接触学校教育实际，这叫做缘木求鱼。理论不与实践结合，理论经不起实践的检验，都会成为空洞的理论。

思想史中总有隐没者或失踪者。如果没有近年来的重新发现和研究，陈元晖先生很有可能会属于前者。一位教育学者的独特经历所具有的意义，需要多重视角的聚焦和方法的观照，方能持续发现。

在西学东渐的大时代里，思潮不断迭代，思想者往往几经沉浮，陈元晖先生人生角色也历经几重转换。在理解其独特经历的过程中，需要找到一个合适的角度，方能凸显这样一位教育学者的价值。本文在时代背景中理解个体人生轨迹，在学者的文字中印证时代思潮变迁，以求在已有研究的基础上，为陈先生及其所代表的群体意义的重新显现继续铺一段路。

专业人的革命路

1936年陈元晖先生考入中央大学心理学系，迈过知识精英汇聚之地的门槛。彼时的中央大学，按照陈平原的讲述，在经费、学科等指标方面，均是全国第一，远超当时的北京大学、教会系统的燕京大学和外交部直管的清华大学等。彼时中央大学的心理学系，按曾经在此就读后来任教于此的潘菽先生的说法，是当时国内大学里最完备的心理学系，集中了艾伟等著名的心理学教授，在国内影响力靠前。如果按照被制度规训者的一般人生轨迹，陈元晖先生在顺利念完大学后，或开启学术研究的人生，或在工作中安身立命，成为所谓"专业人"，体面地融入在城市生活的知识精英群体中。

然而，从底层走出来的人生经历，就读大学前在基层办学的社会实践，让陈元晖先生对社会的不公有着切身的体认。陈先生1913年出生于福建省福清县城头村，彼时民国初立，百废待兴，他在福建度过童年，成长过程中亲历过民国前期的乱象；他从师范学校毕业后当过地方教师，体会过乱世中在基层办学的不易。陈先生读大学的动机之一，即是争取用公义改造社会，这决定了他不甘于小资式人生的轨迹。于是，进入中央大学这样的顶尖学府后，在抗日风云高涨的时代氛围中，其爱国之情勃发，难以完全只顾涉及个人前程的学业。很快，陈先生参加了南京市救国会，从事地下革命活动，并于1938年5月在中央大学西迁后加入中国共产党，郑重选择了革命者的人生方向，负责组织中央大学及其区域内进步学生的革命活动。待陈先生毕业时，却因校园内风声已紧且有同学被抓，奉命撤离学校，辗转到延安。未完成专业人的学业，舍时代知识精英的小资生活方式而完全进入革命者的角色。

延安是那时青年学生心中向往的革命圣地。陈先生1940年进入延安，先在中国人民抗日军事政治大学学习，后被分配到中央青年工作委员会等岗位工作，后来又远赴东北继续革命工作。在解放战争时期艰苦的环境中，陈先生先后在哈尔滨、长春等地从事教育工作。在东北期间，他创办了东北师范大学教育系并任系主任，还创办了东北师范大学附属中学并担任首任校长。值得注意的是，恰是这一经历促进了陈先生从革命者向专业人的回归。此后，陈先生调至人民教育出版社，后又参与创办中央教育科学研究所，兼任北京师范大学研究生导师，任中国社会科学院哲学研究所研究员，一直在文教机构中做学术研究，完全回归专业人的身份。尽管在当时，"专业人"的内涵已经跟其大学时代不一样。

在将陈先生的这段人生经历在历史背景中展开后，再聚焦其著述文本来反思时代教育思潮，可以看到陈先生的人生经历对其教育思想的影响。陈先生留下的文本有限，《陈元晖文集》收录的文章是从1954年开始的，目前有两处可供思考。一是陈先生在《中国教育学七十年》（1991）这篇文章的第三部分谈到唯物论的教育学时，用了一千字左右的篇幅，论及当时其所在的中央研究院教育问题研究室的两场教育研讨活动，主要涉及其自身对中国近代教育思潮和陶行知、梁漱溟等教育活动家的评价。二是他对杜威及其实用主义教育思想的批判。这一从延安时期开始的研究贯穿了陈先生学术活动的始终。陈先生后来重写了这一部分并公开发表。从思想脉络的一致性看，这两部分都可作为理解陈元晖先生教育思想的支点。另外，有两点值得进一步发掘。第一点是他从启蒙者到专业人的角色转换。陈先生当初在基层教学，进入大学后选择心理学专业，是以探索教育为明确目的的进一步求学行动。但彼时的近代心理学以科学化的名义和技术化的实质，企图替代启蒙运动以来的重视人的教育学，这其实存在相当程度的不协调。陈元晖先生的早期学术人角色冲突根源于这一学科矛盾，这一局面是陈先生那一代人共同身处的背景，非个体所能改变，故当他选择心理学作为专业但后来并不能实现其教育探索的目的时，发生转向是自然之事。事实上，心理学是教育学的一朵彩云，但彼时的心理学研究并不能为教育探索提供可靠的终极依据。第二点是从求真救国的视角来看，陈先生的专业人与革命者的人生角色之间并不是决然对立的，其学术活动始终关切现实问题与未来发展，其也始终将对革命工作的热情倾注在文教探索中，加上其学术活动又支撑着其学术品格，故也可称其所从事的学术为"革命型学术"。尽管他自己不曾使用这种说法，但其思考的彻底性、对社会热点的关切、对学术观点的一贯坚持均体现了这一革命型学术品格。而这一点深刻地影响了陈先生"为教育学寻找彩云"的执着人生路。

寻找把教育学托上天空的彩云

陈先生大学所学专业是心理学，后来从事的大多数工作不离教育教学，之后他长时间在中国社会科学院哲学研究所工作，晚年发表的文章中多论及文化历史和文明问题，表面上看有很大跨度，其实学术精神贯穿始终。1964 年从中央教育科学研究所调入中国社会科学院哲学研究所时，他借鉴大仲马先生的一句话说："我学哲学并不是改行，我也是想为教育学寻找一朵彩云，把它托上天去。""托上天"意即使科学可靠的教育学得以建立，而心理学、哲学以及文化研究都是他寻找的彩云。现在看来，陈先生寻找到的，是能托住"大教育学"的那片由不同学科构成的云层。

心理学是陈先生寻找的第一朵彩云。其早年学习的心理学专业，以及晚年的社会心理学研究，均在此范畴。近代科学心理学建立以来，存在两种观点，一是心理学是教育学中的一门基础学科，二是教育学是心理学的应用学科。这两种观点蕴含着不同的前提假设。陈元晖先生将心理学作为把教育学托上天空的彩云，显然是将教育学作为根本。教育是国家之本，师范为教育之本，教育学为师范之首。这固然是传统的人才观和教育功能观念的延伸，也恰恰是这种意识印证了陈先生的家国情怀，构成了理解陈先生的一个重要维度。从陈先生公开发表的相关文章来看，以心理学为主题的长篇论著有 9 篇（部）；散布于文集中的对心理学家、心理学流派的研究所涉及的人物包括皮亚杰、冯特等。若与同时代的心理学专业研究者相比,这样的知识面也不遑多让。陈先生是在对心理学有通盘的深入了解的基础上,寻找托举教育学的心理学彩云中的坚实力量。

正是在学术思想迸发的 20 世纪 80 年代初,陈元晖先生将个人的学术研究聚焦到社会心理学上,其积极为这个学科在中国的发展组织力量,并在 1982 年召开的全国社会心理学会议上当选为中国社会心理学研究会第一任理事长。在陈先生公开发表的学术成果中,除研究主题直接与社会心理学相关的文章之外,其对王国维的相关研究也可以纳入这个范围。陈元晖先生关心制度化学校里的教育学,但其一生或隐或显地都在寻找大教育学,即能够对影响人的发展的诸多因素进行综合考量的一门学说。个体与学校均受时代思潮影响,学校教育学怎么能完全不顾及时代思潮呢?学校教育之所以不能与时代共振,落后于时代而产生诸多问题,可能均可在社会心理学这里找到思考路径。社会心理学对于当前教育学的意义,也都在其中。陈先生晚年的社会心理学探索,其实是回到了对大教育学的探索,其所开辟的这条新路值得后学重视。

哲学是陈先生寻找的另一朵彩云。陈先生说:"教育学如果不同哲学结合,就失去理论基础,缺乏理论基础的学科,就不成其为科学。"① 其发表的哲学研究成果包括 10 部(篇),研究对象包括康德、杜威等。在 20 世纪 80 年代初,陈先生两次代表中国哲学界参加世界康德研究者大会。从陈先生发表的文章可见其哲学功底,《中国教育学七十年》力透纸背,陈先生在这篇文章中扼要地用了唯理论、经验论、唯物论三个哲学流派来概括教育学发展的前三个阶段,没有深厚

---

① 陈元晖. 中国哲学史遗稿 [M]. 北京: 北京师范大学出版社, 2001: 序 2.

的哲学功底是难以抵达这种学思层次的。笔者注意到陈先生的哲学研究始于 20 世纪 40 年代初，正式以哲学为业是在 60 年代初，而其哲学研究成果则大多发表于改革开放初期，这些均有历史背景。能选择康德、马赫作为哲学研究对象并将其思想纳入教育学思考的范围，也是陈先生具有学术眼光的例证。《读书》杂志在 1979 年第 3 期中介绍了《外国哲学史研究集刊》第一辑，陈先生名列王若水、贺麟之后，与陈启伟等哲学研究所同人共在其中，这大概也是一段注脚。哲学能给人以智慧，教育学人需要哲学基础才能在起起伏伏的思潮中看清时代变迁，才能如陈先生一般执着地寻找彩云。

对于托举教育学的那片彩云，如此寻寻觅觅，结果如何？陈先生的研究成果中可以间接提供答案的代表作是《中国教育学七十年》。这篇文章共 6 万字，分 7 节，从唯理论到经验论，再到唯物论，通过两次转换和三个阶段说，为近代教育思潮转换频繁的这样一个时期建立了经典的解释框架，对于理解或解释近代转型过程中的教育学做了奠基性的工作。该文章的第六部分对 20 世纪 80 年代教育学的批评、第七部分对未来 70 年的展望，均体现了一位学者敢于直言的求真情怀和对未来发展的关切。其革命型学术品格，在此再次展露无遗。该文先发表在《北京师范大学学报（社会科学版）》1991 年第 5 期，被引用了近百次，后被收录于《中国教育学史遗稿》中，于 2001 年由北京师范大学出版社出版。值得重视的是陈先生这部《中国教育学史遗稿》分为两部分，上启《礼记》，下至近现代 70 年，恰恰体现了陈先生对教育学史的理解和探索。笔者认为这是中国教育学史的"头"和"尾"，体现了以思想史的方式来规范这门学科的叙述思路。这其实是陈先生为建立中国本土教育学之作。此时的陈先生已过 70 高龄，自知时日无多而无力独自完成整部的教育学史宏著，起个头，收个尾，以待后来者顺着其毕生探索所发现之路，继其志，续其学。

可以试提两个假设，也许有助于进一步理解陈先生如此执着地寻找彩云的历程。第一个假设是，假以时日，陈先生会不会继续寻找更多的彩云，我的个人理解是肯定的，依据是陈先生在《教育实践与教育科学》（1984）中的表达，陈先生把对教育的热爱倾注在教育学学科建设上，这种强烈的个人动机根植于其革命型学术品格。第二个假设是，假以时日，陈先生的本土化教育学可否进一步寻找到可靠的彩云？我个人的理解是，如果真有本土化的教育学，那么陈先生的答案也倾向于是肯定的，依据是陈先生对教育的理解是建立在教育史的基础上的。陈先生晚年在教育史方面用力甚多，而唯有通过对历史的回溯才能看到纷繁的思潮的潜流以及其根植于何处，在教育这种面向未来的事业中不为浊流所惑。这种历史感其实是教育学思考的基础。也许这类假设可能会遭到反驳，但陈先生为教育学寻找彩云的执着探索精神毋庸置疑，其探索路径是一笔学术财富，值得珍惜。

激进中的稳健：回溯教育历史以面向未来教育

回归专业人，陈先生也是有现实社会关怀的专业人，而不是困守书斋沉迷于个人小天地的传统书生。从中国知网上可搜集到的文章来看，大概以 1985 年为界，1985 年前的陈先生集中在对王国维、康德、皮亚杰等人的思想的纯学术研究中，之后则尤其重视教育历史写作以回应时代思潮。

近代史研究大家唐德刚先生曾有言：近代以前中国历史是千年未变，近代以来却是十年一大变。20 世纪 80 年代是一个风起云涌的时代，在改革开放的形势下文化思想界如饥似渴般地引进西学，反思西方学术思潮的脉络及其前提假设的努力渐渐被视为保守，囫囵吞枣而来不及消化的结果是建立中国本土学术的努力被边缘化，最典型的是对五四运动的评价呈现出反转之势，强调其负面影响，陈先生写作《中国教育学七十年》时将教育学在中国的开端定为1919年五四新文化运动，而不是一般的京师大学堂建立后引进教育学教材，或清末传教士在我国介绍西学，显然有肯定五四运动的深意在其中。陈先生看到了历史叙述的重要意义，于是在发表关于王国维、康德、皮亚杰等人的研究成果后，又将工作方向转向教育史研究和教育学史著作写作，通过探索中国教育发展历程来建立叙述历史的基本框架，为教育学的本土化和科学化再次努力。此一时期陈先生的著述如《河颂》《论文化的四种性质》《中国近代教育史资料汇编》《书院制度简论》等开辟了教育研究新领域，而凝聚陈先生人生最后阶段思想精华的《中国教育学史遗稿》的写作，正是陈先生建立中国教育学史叙述框架的大手笔，堪称其代表作。以下试着展开具体的论述。

其一，直接批判激进思潮。《河颂》明显针对《河殇》。后者是激进的思想者在20世纪80年代推出的影视作品和文学作品，在各种力量作用下当时产生了相当大的社会影响，堪称思潮激进化的典型。该作将中西文明之间的差异简化为"黄土文明相对海洋文明的本然落后"的说法，直接与"殖民有功论"形成呼应之势。其实，不同学者对同一问题有不同解释很正常，学者之间当然可以争辩，但在个人理解借助社会力量产生广泛影响的情况下，则已经超出学术研究范围而成为社会事件。陈元晖先生作为老一辈学者写《河颂》来批判《河殇》，在激进的思潮占主导地位的情况下带着温情理性地阐释传统文明，固然很容易被认为保守。可如今三十余年之后再看社会思潮和学术发展历程，恰可见真学术的力量，不能不让人感慨老一辈学者的稳健。学术唯有坚持用论据说话，剔除情绪渲染才能走远。理解教育又要重新回到文明的原点上来，否定本民族文明的论调终究难以承继学术的脉络。

其二，开拓教育传统研究。这首先包括对孔子教育思想研究的拨乱反正，从德育、美育等角度阐发作为教育家的孔子在教育传统中的意义。陈先生还进一步开展书院制度研究，发表《书院制度简论》，重视批判性地继承书院这一千余年的传统教育组织形式。这是陈先生晚年做出的重要学术贡献。揆诸陈先生这一时期的论著，明显可以发现陈先生是在学习西方的思潮中坚持寻找中国本土的传统优秀制度和思想。如果拓宽视野，将其"中国现代教育史"的写作纳入思考范围，大概可以看出陈先生是有着贯穿始终的对中国教育学史的思考和权衡的。陈先生主持编纂的《中国近代教育史资料汇编》，现在仍然是教育学史研究的基本资料，而且带出了一大批教育史研究者，将教育史研究的学术脉络通过培养学术梯队的方式延展到下一辈。从教育传统研究的学术传承角度来看，大规模资料汇编带动的学术队伍建设这一点所具有的意义显然更为深远。

其三，叙述教育学史。陈先生为中国本土教育学建设奠定了叙述基础。陈先生晚年的学术助手王炳照先生回忆："80年代末，他又不断地讲，要写一部《中国教育学史》。教育学要提高不能单靠借鉴外国人，要善于总结自己的优秀遗产。"[1] 陈先生所设计的《中国教育学史》工程浩大，1991年完成了著作的"尾"，即《中国教育学七十年》，这是反思1919—1989年这70年间的制度化的教育学的著作，后来陈先生带病写作这本著作的"头"，即《〈礼记〉新读》，病逝前两个月完成近十万字的手稿。这两篇文章后来收入《中国教育学史遗

---

① 陈元晖. 中国教育学史遗稿 [M]. 北京：北京师范大学出版社，2001：序2.

稿》，该书后来成为北京师范大学教授文库的一部分。[1]

以激进和保守的二分法来看，陈先生的学术取向可能显得保守，但其坚守岗位，对激进思潮予以反思和批判恰恰可作为时代的一段脚注，也在一定意义上构成当前反思教育思潮的一种可能路径。王逢贤先生曾对我说，陈元晖先生写文章通常胸有成竹，一气呵成，但为求严谨，他写完后会再核查文献。这种做法值得当下学者深思。学术之为学术，在于其有论证，让别人信服要靠理据。

讨　　论

在文本与历史的互释中回顾陈元晖先生的教育人生，其所具有的典型意义或个人特殊性均在这个框架中得到进一步理解。从其革命经历来看，参加革命的必然性源自其在底层社会的人生经验，其学术品格中强烈的现实关怀也根植于此。从其学术生涯来看，从心理学的专业学习，到哲学研究，再到关注社会心理学，陈先生终其一生寻找将教育学托上天空的彩云，对教育学的这种执念与传统社会士大夫钟情于教育的情怀是否同质？从其学生王逢贤、王炳照、吴玉琦等先生的回忆来看[2]，陈元晖先生是一位尽职尽责坚守岗位的好教师。师道在陈元晖先生身上得到传承，这是否构成了理解陈元晖先生的另一个层面？在近现代历史中的人生角色转换与其不同时期的著作文本相互印证，构成了理解陈元晖先生的一个通道。而这一视角的意义，也许在于可以用其来理解一类人或一代人。

---

① 王炳照. 寻找把教育学托上天空的彩云：写在陈元晖先生《中国教育学史遗稿》出版之前 [M] //陈元晖. 中国教育学史遗稿. 北京：北京师范大学出版社，2001：序.

② 吴玉琦. 纪念陈元晖先生诞辰一百周年：我最敬仰和怀念的一位大师 [J]. 东北师大学报（哲学社会科学版），2013（5）：156-159.

就知识人所属类型这个角度而言，在西学东渐知识转换的大时代里，陈元晖先生做到了一个学者的极致。陈先生以救国的情怀、求真的个性，在读书救国、学术立教方面贯通一致，达到了革命学者的学术高度，这对于当代学者反观自身也不无教益。理解这一代兼具革命者身份的学术大家，回答革命者的学术道路能走多远，陈先生提供了一个参照，这也许是一个革命学者毕生的教育探索经历所具有的社会意义。

（于伟，东北师范大学教育学部教授）

师恩绵绵忆当年

——忆刘佛年先生

先生小传①

刘佛年（1914—2001），湖南醴陵人，中共党员，著名教育家、教育学家。华东师范大学教授，历任华东师范大学教务长兼教育系主任、副校长、校长、名誉校长。曾任第一、第二、第三、第四、第五届上海市人民代表大会代表，上海市政协之友第一、第二、第三届理事会理事，第五、第六届全国人民代表大会代表，上海市教育工会副主席、名誉主席；国务院学位委员会教育学、心理学学科评议组第一、第二届成员和召集人、第三届特邀成员，全国教育科学规划领导小组第一、第二届成员；中国教育学会第一、第二、第三届副会长和第四届顾问，中国教育学会下属的教育学研

---

① 先生小传由华东师范大学教育学部范国睿教授撰写。

究会、马克思主义教育思想研究会、比较教育研究会、教育史研究会四个分会的理事长，上海市教育学会副会长、名誉会长。2008 年被评为改革开放 30 年"中国教育风云人物"。刘佛年曾教授哲学、教育哲学、马列主义基础等课程，长期从事教育理论研究，主编《教育学》《回顾与探索：论若干教育理论问题》《中国教育的未来》等书，著有《刘佛年学述》，发表大量学术论文，探索建立中国特色社会主义教育理论之路；致力于马克思主义教育理论研究，展望中国教育未来发展趋势，为探索创立我国的教育理论体系做出了开创性的努力。

先生箴言

教育工作所培养的人应当接受德、智、体、美、劳诸方面的教育，使个性在这些方面得到全面发展。当然，全面发展的意义是相对的，是受当前的社会条件制约的。基础教育的任务就是为全面发展打下一点基础。在提倡全面发展的同时，还要实行因材施教，发挥学生的不同兴趣和特长。个性应得到自由发展，发挥儿童的主动性、积极性，培养独立思维、评价乃至创新的能力，反对采用强迫的、压制的、灌输教条的教育方式等。个性的全面发展和自由发展并不完全是由教育决定的，社会发展和个性发展间有着复杂的密切的联系。

质朴无华的精彩演讲

刘佛年是新中国教育学的奠基人，作为师范大学的校长，他十分关心中小学的教育动态，努力推动中小学教育质量的提高。有一次，我问刘校长："您的发言或报告，有时我听了感到非常顺畅，有时会出现不连贯甚至木讷的现象，两者反差很大，是什么原因呢？"刘校长说："是的，当我内心的思考与外界一致的时候就很顺畅，不一致的时候就会断断续续。过去有些年代（比如'文化大革命'），发言断断续续的多了些。""文化大革命"结束以后，刘校长以巨大的热情投入到办好重点师范大学的工作中，同时又念念不忘恢复和发展已经濒临崩溃的中小学教育。早在 1978 年 10 月，他就提出要突破教学上的难题，夺取"大面积丰收"。

1985 年 11 月，中国教育学会在武汉召开全国讨论会，刘校长在闭幕式上做了即席演讲，着重谈普通教育范围内如何提高一般学校的教学质量问题。他深情地说："这个问题一直摆在我脑子里，现在普及九年制义务教育，解决这个问题就更迫切了。在目前不合格教师还比较多的状况下，我们能不能想个办法？有一个经验很值得注意，那就是青浦县大面积提高教学质量的改革经验。"刘校长从青浦一位乡村学校教师"一本练习本"的经验谈起，然后介绍我与同事们在那里做的"尝试指导和效果回授"教学实验，再联系美国著名心理学家布卢姆（B. Bloom）的掌握学习实验。他越说越兴奋，既讲了本土的问题，又描绘了"土生土长"的教育改革实践如何推进的问题，同时还很有针对性地借鉴了国外的教育理论与方法，中西结合、土洋相济，演讲时没有稿子，单刀直入，一口气讲了两个重要的理论问题。第一，人学习的潜力究竟有多大？潜力很大，现在还找不到极限，因此不能相信什么固定的后进生，优秀的教师应把后进生教成好学生。第二，学习成绩究竟由什么决定？教育与环境对人有决定性作用，但人的主观因素、主观能动性所能发挥的作用是很大的，因此就知识的掌握来说，态度很重要，甚至能起到意想不到的作用，知识、能力、态度三者不可分割。我们知道，当时中小学教育因急于医治"文化大革命"造成的疮痍，后进生成了尾大不掉的痼疾。刘校长这番演讲鼓舞了多少学校、多少教师的士气和信心！这是刘校长用他对社会的责任心、用教育家的良心在说话。这样的话语质朴无华，所谓"真水无香"，汩汩流入了中小学校长和教师的心田。

事事追求"做得更好"

刘校长在借鉴和引进国际经验时非常注重在中国本土实践中对其进行检验，他用自己的眼光来审视各种成果，甚至追求我们自己也要有"做得更好"的地方。比如在那次演讲中，刘校长指出了单纯抓回授补救的局限——布卢姆掌握学习的简单做法有片面性。然后，他详细阐述了青浦经验中回授调节和尝试探究的两因子实验。由实验得出结论：单抓回授有毛病，我们还要想办法，启发学生尝试探究，让他们自己动脑、动手、动口，这样才行。最后，他充满感慨地提出，青浦的实验比布卢姆更明显地看到了这一点，比他讲得更明确。对我来说，这句话是勉励，它随着先生那句事事要追求"做得更好"的教导，处处警示于座右，时时回响于耳边。

开花、结果与扎根

20 世纪 80 年代，为了突破教学上"大面积丰收"这个难题，刘校长与我结下了特殊的师生情缘。1985 年武汉会议之后，我与先生见面的机会比过去多了。会面主要在中国教育学会、全国教育科学规划领导小组等召开的会议上，此后彼此也渐渐熟悉起来。在一个初夏的日子，刘校长夫妇约我去他们家吃便饭。菜很简单，大概四五个小盘，可那是刘师母亲自下厨做的。桌上又有酒，是刘校长家乡湖南醴陵的米酒，每人一小杯，边吃边谈。那天，刘校长的兴致特别高，不知不觉又谈到了教育。他说："中小学教师积累了很多经验，有人说是'汗牛充栋'。但是，你有没有看到，随着时间的推移，凡是没有做出理性概括的，往往只是热闹了一阵，开了花不结果，有人说那叫'过眼云烟'，站不住脚。于是，新来的教师只好从头摸起。这是多大的浪费，多么可惜。解决的办法有两个，一是理论工作者深入到中小学，二是中小学教师都能做些教学研究工作。现在最需要的是既懂得中小学教育，又肯从事教育科学研究的善于思考的人。"开花还须结果，刘校长饭桌上的一席话深深地打动了我。

接着，当时的国家教育委员会提出要在教育实践中培养教育家。1987 年，在何东昌等国家教育委员会领导和老专家的建议下，我报考了华东师范大学研究生，成了刘校长的关门弟子。他召集了华东师范大学不同系所的六位著名教授联合培养我，金一鸣教授、余震球教授、邵瑞珍教授、瞿葆奎教授和杜殿坤教授等先后指导过我。

1987 年刘佛年先生与本文作者合影

我在刘校长门下总共读了六年，前三年读硕士，后三年读博士，1993 年完成博士论文答辩。

读书非易事。回想当初在复旦大学念数学，苏步青教授"严"字当头的教诲，寒窗数载，丝毫不敢马虎。而二十多年后师从刘校长，他完全是另外一种风格，使我觉得宽容、宽厚的导师同样可以使人全身心地投入到学习中。刘校长对学生从不发号施令，只有平等交流。例如，有一年冬天的一天，我从青浦赶到华东师范大学，刘校长要亲自为我讲课，我不知是该到校长寓所还是去办公室。于是，先在校门口打电话问刘校长，可他反而问我："你看哪里方便呢？"这种事，当然不能由我来定。先生不说，我又不能说。磨了好一段时间，刘校长说了一句，我家里有一盆火，很暖和，我才明白他比较倾向于在寓所授课。刘校长的家在楼上，每次讲完课，他都要送学生下楼，挡也挡不住。送到楼下，还问接着要去哪里。那天课结束以后，我告诉他我还要去师大教科院办公室。刚到教科院不久，天下起了雨。正在这时，我看到刘校长一手拿了双雨鞋，一手拿了把雨伞走进办公室，对我说："我看你今天没有带雨具，给你送来了。"此情此景，没齿不忘！先生对我的这种感情，作为学生，已无法用言语来表达自己当时的心情，唯有百倍于常态的努力才能报答先生于万一。

学术上的民主、宽容和大度，是刘校长又一令人感动的大家风范。我们问他问题，他总是先要举出在上海乃至全国最有影响的专家，推崇不同的看法，然后再说"我的肤浅看法是……"，他多次建议从各个学科领域选拔人才共同开展教育学的学科建设和研究，并付诸实践。他经常对我说，要认真创设良好的研究小环境。他说，物理学的哥本哈根学派有一种"下午茶"形式，出席的人来自各个领域，随便谈谈，出了好多思想。不一定是谁做了特别充分的准备，毫无拘束才有创新。人家有哥本哈根学派、剑桥学派，我们为什么不去形成学派？全国有很多教育改革，但从理论上、实践上形成学派的还没有。物理学形成学派的根在实验室，教育学的基本理论必须扎根于中小学校，奠基于活生生的课堂。教育理论与中小学教育有一道人为的鸿沟，刘校长力主研究人员深入实践，花大力气穿透理论与实践之间的屏障。他自己率先垂范，带头身体力行。他曾先后五次来到我当时工作的青浦县，不仅听介绍，还进学校、进课堂，找教师、学生谈话，然后给予深入浅出的理论剖析与指导。刘校长当时曾指出，我国教育基础理论方面的研究比较薄弱，许多学科还只能介绍国外的研究成果；要出自己的成果，理论必须和实践相结合，基础理论研究工作必须和应用研究工作相结合；从我国的情况出发，当前应该大力加强应用研究，同时加强理论研究和实际研究的联系。他估计有不少新发展起来的理论学科，都将在教育改革中得到较大的发展。

明源辨流话教改

　　明源头、辨流变，是刘校长指导学生学习教育理论的突出风格。他常说，教育理论体系庞杂、流派纷呈，一定要分清哪些是源，哪些是流，它们分别在怎样的时代背景下产生，流之于源又有什么变化，为什么有这种变化，等等，只有这样，才不至于在茫茫书海中迷失方向。记得在1990年初夏，刘校长又一次到青浦考察，同来的还有很多专家学者。那一年，我们正在做两件事：一是要完成析取教学目标主成分大样本实验（后来得出结论——布卢姆的教学目标分类不等距、可简化）；二是青浦县实验中学"活动-发展"的教学整体格局显示出始料未及的一些真实的效果，让学生聪明起来似乎有了一点招数，要进行总结。刘校长亲眼看到了，很激动。那一天，他在讨论会上说："教育教学工作一定要改革，怎么改？从前有两派（指以赫尔巴特为代表的传统派和以杜威为代表的现代派），我们现在要将它们联系起来，既要书本知识，又要通过活动学到书本上学不到的东西。"他说："我过去学教育学，就是两派都学，过去变来变去，没有变出个好结果来。这一次来，看了你们的三类活动，很有道理，想得比较深了，很多具体问题都考虑到了，所以学生能变聪明。这个问题是当前中小学教育的中心问题，将来究竟怎么搞下去，当然很不简单，但终归是要解决的。"刘校长还说："另外有一个非常深刻的印象，就是青浦的教育研究机构与学校结合得这么紧，几乎没有见到过。只是学校单方面搞改革，有困难；研究机构很积极，没有学校也不行。青浦这两方面结合得这么好，要坚持下去。从这一点讲，教育改革很有希望，这样的做法是非常好的，只要坚持下去，将来一定能在全上海乃至全国产生很大的影响，我很兴奋!"就在这一天，刘校长兴致勃勃地挥毫写下了"教育改革的楷模"七个大字。

晚上，刘校长还约我去他的住处。坐定之后，刘校长从青浦的"活动-发展"说起，一直讲到中外与古今。他说:"我从国内看到国际，从旧社会看到新中国，学校教学的方式有两种，那就是接受式与活动式，其他很多方式无非是它们的流变而已。接受式有利于教师传授知识，进行单纯的技能技巧的训练，但不利于学生的独创学习;活动式有利于发挥学生的主动性和探索精神，使学生获得出自自身需要和目的的技能技巧，但不利于学生学习系统的知识。前者的主要倡导者从夸美纽斯到赫尔巴特，一直到苏联的凯洛夫。后者的倡导者有卢梭和杜威。这是两种不同的教育思潮，两个不同的源头。教育改革与创新离不开积累与文化，也就是说应当站在前人的肩膀上，对这两种教学方式做出实事求是的客观分析。最近一二十年来，这两种方式都出现了不同的流变，它们之间有明显的相互接近和吸收的趋势——真理常常就在两个极端之间。就目前我国的教学而言，防止机械灌输、寻找让学生主动活动的教学方式，培养他们高超的创造才能，应当成为改革的主导原则。"这是一个美妙的夜晚，聆听先生夜谈教学改革的真谛，令人豁然开朗、有所领悟。此前此后，他指导我读了许多书，从赫尔巴特的《普通教育学》到奥苏贝尔的认知同化理论与有意义的接受学习，从杜威的《民主主义与教育》到皮亚杰的活动内化理论与活动式学习，等等。刘校长循循善诱，不断提出问题，如他问我:为什么接受式学习至今还被广泛采用?它受到现代派哪些方面的猛烈抨击?它对学习本义的理解有何偏颇?对发展思维有哪些局限?另外，为什么人们说"离开了杜威，教育史是一段空白"?现代不少改革流派的主张是不是与杜威的活动式教学有相似之处，让人有"似曾相识燕归来"之感？而杜威及其后继者的实践为什么进行不下去？毛病出在哪里？我渐渐意识到，弄明白这一连串的问题，对研究教育的人来说具有非同寻常的意义。我们正处于一个剧烈变动的时代，简单的"非此即彼"已不能回答真实的问题，而形式主义、教条主义正是这个时代教育改革的大敌。刘校长的明源头、辨流变，站在前人肩膀上一以贯之坚持革新的精神，永远值得我们学习。

前面所述的回忆，总觉得不够周全，难免有一鳞半爪之嫌。即便如此，由此感及的绵绵师恩，虽纸短而情长；当年先生的教诲，宛如无边大海中的航标灯，更是先生在我生命旅程中播下的火种所散发的亮光。

（顾泠沅，上海市教育科学研究院原副院长、
华东师范大学教授、博士生导师）

萧树滋先生的为人风范和治学态度[①]

先生小传

萧树滋（1914—2002），河北磁县人。1943 年毕业于西北联大国立西北师范学院教育系，1947 年公派留学美国，就读于哥伦比亚大学教育系，1949 年获得视听教育硕士学位。在美国期间，参加旅美中国和平民主联盟，任冯玉祥将军的私人秘书。1949 年 3 月毅然回国，任中国国民党革命委员会（简称民革）北京市委员兼组织部副部长，参加了开国大典的筹备工作并观礼。1950 年任文化部科普局电化教育管理科科长，创造了大众幻灯教育方式。1951 年被聘为北京辅仁大学兼职副教授，率先开设电化教育选修课。1953 年调入西北师范学院，担任电化教育研究室主任。1978 年参与举办教育部电化教育培训班，

---

① 本文采用了冯秀琪先生和孙昌达、张立新、赵建毅、陈跃华、李海清等河北大学校友的回忆片段。

为我国电化教育的兴起培养了业务骨干。1982年调入河北大学教育系。1983年出版电化教育界第一部专著《电化教育》。1988年主编的《电化教育概论》出版。

先生箴言

电化教育是为了提高教学效率和教育质量，如果忽略了这一点，那就失掉了电化教育的原意……。采用电化教育，意在改进传统的教育、教学方法，提高教育、教学质量，快出人才，多出人才。

电化教育工作必须重视教育理论的学习运用，技术上要精，理论上要通。

　　萧树滋先生是我国电化教育（教育技术）的开拓者与奠基人之一，他在一生中创下了中国电化教育界的"十个第一"。1986年河北大学成为我国首批三个教育技术学硕士点之一，于1987年开始招生。我是1978年参加高考、迎来人生转折的幸运儿，而1988年师从萧树滋先生则使我再次成为幸运者。我从大同师专物理专业毕业后留校任教，那时我就很注意教学方法和手段的改进。1985年在新华书店偶然看到了萧先生写的《电化教育》，而且书架上恰巧仅此一本。当时感到这本书内容实用、体系完整，我很喜欢，就买回来作为案头读物，从此我对电化教育产生了兴趣。1987年查阅研究生招生目录时，看到河北大学电化教育专业的导师是萧树滋先生，我才意识到我早就拜读过先生的大作。就这样，我看似偶然地成了萧先生的学生。

萧树滋先生的为人风范

一位平易近人的长者

　　萧先生是我国第一位由政府派出去留学，在美国获得视听教育硕士学位的学者。在美国期间他担任了冯玉祥将军的私人秘书，1949年在哥伦比亚大学完成学业后，在民革中央的帮助下回到祖国，当选为民革北京市委员兼组织部副部长，参加了新中国开国大典的筹备工作并观礼。1950年他在文化部科普局负责电教工作。尽管他有过如此不凡的经历，然而，1988年当我以敬畏的心情第一次拜见他时，见到的却是一位慈祥随和的普通老人。

我们这一届跟随萧先生学习的研究生有我、张立新和王俊杰三人，萧先生那时已经70多岁了。我们上课的小教室在三楼，萧先生每次来上课的时候，把小轮自行车放在楼下，穿着整洁的寻常衣衫来到教室。萧先生很能抽烟，上课时把烟往桌上一放，与学生中的"烟民"共享。在课上，他以平等的身份跟我们探讨问题，乐意看我们各抒己见。

1990年萧先生亲自带我们到北京访学。在途中坐火车、等公交车时，他是一个循规守矩的普通老头，唯一能看出他有不平凡经历的是他的气度和衣着。他带我们拜访了北京师范大学的教授，到中央电教馆参观和交流。在同行专家面前，萧先生是一个真诚的倾听者，待人谦和、谈笑风生。

我家在山西，开学后住校不常回家。萧先生每逢过节都叫我去他家吃饭。有一年他的朋友从兰州给他捎来些鲜百合，我第一次在萧先生家尝到蒸熟的鲜百合，随口说了一句"这可真稀罕!"，没想到先生竟记住了。放寒假时他把我叫去，给了我一包鲜百合，让我带回去给家人尝尝。

当时到老师家一般须事先预约，但我们几个学生到萧先生家常常是敲门而入。无论何时，只要先生在家，他的小书房就是我们师生欢聚的地方，他很乐意与我们海阔天空地交谈，我们也无拘无束地享受他的款待，桌上有啥小吃就随意吃。每次离开时先生都要亲自送我们出门，并执意送到楼下。不经意间，萧先生的见识、视野和人格影响了我们，他的小书房是我在读研期间收获最多的地方。

我1991年研究生毕业回山西工作，那时山西省没有电化教育专业，中小学电教也相对落后，我担心没有发展前途，萧先生鼓励我从实际工作做起，逐渐扩大影响。在我临行前，萧先生给我写好了两封推荐信。一封是给他在美国留学时的校友、山西大学心理学教授辛治华，另一封是给时任山西省电教馆馆长白元宏先生。得益于萧先生的教诲和帮助，我逐渐融入了山西省高等教育界，成为第一位参与山西省电教工作的高校教师。

一位胸襟坦荡的大师

无论是与同行专家交流还是跟我们学生交谈，萧先生对于学术问题都不讳言自己的观点，同时他对各种学术之争又是包容的。当时国内的三个教育技术学硕士点（所属高校为北京师范大学、河北大学、华南师范大学）的研究方向各有侧重，学术观点各异，甚至彼此尖锐对立。他不鼓励我们参与学术争执，也不强调一家之言，而是引导我们兼收并蓄。1990年他安排我们三个研究生到南京访学，让我们拜访了正在南京讲学的华南师范大学李克东教授、南京师范大学的张增荣教授和南京大学的辛显铭教授。然后又亲自带领我们去北京访学，聆听了北京师范大学尹俊华教授和乌美娜教授的见解，访问了中央电教馆的专家。与流派观点不同的专家学者交流，开阔了我们的眼界，启发了我们的思考。

1991年，当时的廊坊师专一位从事电教的老师给萧先生寄来一篇论文，请先生指导，先生把它作为作业让研究生陈跃华提出自己的看法。陈跃华看完之后告诉先生该文没有修改的价值，而先生却当即给他细致地分析了该文的可取之处。此后先生对文章进行了多处修改，用他略微颤抖的手在文章空白处写下了数百字的修改意见，并在文后写下了鼓励的话寄给作者。后来该文在当地专业刊物上发表了。

萧先生对我们的不良表现往往是直言不讳地提出批评。1988年我第一次去萧先生家交作业，我的作业是写在横线信纸上的，字迹潦草并且密密麻麻。萧先生拿着我的作业来回翻看了几遍，我以为他是对我写的内容感兴趣，正想听他的评价，不料他很严肃地看着我说，文如其人，你这样潦草的作业叫别人怎样看你，如果是投稿的话没有哪个编辑会看，你重新抄一遍再交来吧。我没有想到自己已经读研究生了，还要依着格子工整地写作业，三十多岁的我又重新开始在方格稿纸上一笔一画地写字。

萧树滋先生的治学态度

一位有远见有胆识的开拓者

萧先生是一位独立思考、敢为人先的学者。1951年夏季，受教育部委托，萧先生起草了在教育系开设电化教育选修课的办法，并于当年在北京辅仁大学教育系开课，成为新中国成立后第一位开设这门课的学者。

1980年，正当我国电化教育蓬勃兴起的时候，《人民日报》于12月26日发表了一篇赴美访学教师的来信，信中说"美国绝大多数学校还没有利用电化教学"，认为在我国发展电化教育不是当务之急。这篇文章在全国引起了很大的震动，使人们误认为国家将要从缓发展电化教育。针对这篇文章，萧先生撰写了《对电化教育的意见》，该文后来在1981年3月22日的《人民日报》上全文发表。在文章中，萧先生以在美国学习和考察的亲身经历论证了美国电化教育的发展与应用水平，据理力争，提出我国发展电化教育的必要性和紧迫性，起到了端正视听的重要作用。

萧先生于1983年出版了我国第一部电化教育专著，即《电化教育》，这本书曾连续三次印刷，成为电教学员的启蒙教材。在《电化教育》中，萧先生给出了电化教育的第一个科学定义，第一次系统论述了电化教育的理论和实践体系。

萧先生鼓励我们广泛涉猎国外的先进理论，要求阅读传播学、系统论、信息论、控制论的著作，布置了英文原版教育技术著作的翻译作业。他常对我们说，做学问要"新""深"，也就是说，别人没有做过的，你要善于发现并去做，别人已经做过的，你要往深处研究。我在写学位论文时，选择了"投影媒体在物理教学中的应用"这一主题，因为当时投影的使用和研究已经较为普遍，我顾虑能否做出新意。萧先生告诉我："你可以在规律的研究方面比别人做得更深入，在研究角度上与别人不同。"按照他的意见，我把题目确定为"初中物理概念投影教材设计研究"，在视知觉、认知心理、审美心理等方面做了深入研究。这篇学位论文的大部分内容后来陆续在《电化教育研究》《中国电化教育》等有影响的学术期刊上发表了。

当时我国教育技术界倾向于引入以美国为代表的西方国家的相关理论，包括美国学者的教学设计理论。我在做学位论文时发现，苏联巴班斯基的教学过程最优化理论实际上也是一种教学设计理论。我想把这个观点写到论文里，但是又担心不合潮流，于是去请教萧先生。萧先生仔细听了我的意见后说："搞研究就是要提出自己的主张，你如果认为自己的考虑是严密的，能够自圆其说，就可以写在论文里。"于是我在论文里提出了这个观点。1991年河北大学承办了教学设计研讨会，我在会上就自己的观点做了专题发言，在来自全国各地的与会者中引起了反响。2010年盛群力教授主编的《现代教学设计论（修订版）》一书在"当代国际教学设计的一种代表性理论"那部分介绍了巴班斯基的教学设计理论，也算是与我的研究有了共鸣吧。

一位严谨认真的学者

萧先生始终注重电化教育的教育学科属性，强调教育理论对电化教育的指导作用。这在当时的背景下尤为重要，因为那时电化教育的实践者和研究者主要是从物理学和电子学科转行过来的，还在争论电化教育是姓"教"还是姓"电"，热衷于直接引入国外理论，与已有的教育学科割裂。

萧先生的这种见识也体现在他对研究生的教育中。当时参与指导我们的还有冯秀琪老师和路冠英老师，我们的作业和论文都要经过三位老师审阅，这个特殊的导师队伍使我们在知识结构上受益匪浅。路老师的研究专长是教学论和教育研究方法，在她的引导下我们研读了大量教育学和心理学著作，知道了格拉塞、皮亚杰、加涅、布鲁纳、赞科夫、巴班斯基等心理学、教育学方面的国际大师。

萧先生十分注意学术规范。在1983年出版的《电化教育》一书中，他分章列出了参考书目，这样的做法在不注重知识产权的当时并不多见。在我们写学位论文时，他对论文初稿中的标点符号使用、不规范简化字、书写潦草之处都一一指出，甚至亲笔修改，尤其强调引用他人的文章必须使用引号。

萧先生对教学工作一丝不苟。每次上课萧先生都早早来到教室。那时候，先生的手已经颤抖了，写字困难，但是他每次上课都备有厚厚的讲稿。萧先生遗留的旧物中有一个笔记本，详细记载了指导我们三个研究生写硕士论文的全过程。令我惊讶的是，萧先生不仅保留着所有研究生的作业，而且对每份作业都打了分，有的作业有批阅的标记，有的还有简短的评语。我们读研究生的时候，三位指导教师各自布置作业，每项作业都是学生根据当前的授课内容，自己选题写小论文。那时我们每天都为密集的作业而忙碌。从1988年9月到1990年1

月的一个半学年，仅萧先生就布置了八份作业，我写的每份作业都有6000字左右。萧先生是不轻易给人打满分的，我的一份作业上的等级还有明显的涂改痕迹，由A改成了A-。值得欣慰的是我得过一个A，两个90分。

萧先生担任《河北电教》杂志主编期间，每期稿件送来后都仔细审阅，那段时间《河北电教》在国内同行中有很好的声誉。1990年我把萧先生觉得满意的一份作业修改好后，想在《河北电教》上发表。当时我觉得这篇文章已经是精心撰写了的，而且先生是主编，应该拿去就能录用。然而他说我的文章立意很好，但是在结构上还要仔细斟酌，表达和措辞要逐字推敲，又让我修改了两次，最后才刊登在《河北电教》1990年第4期上。

一位注重国情的实践者

萧先生年幼时家境贫寒，干过农活，成年后一直从事教育实践工作，担任过小学和中学教师，当过学校管理人员，受到过美国实证主义的影响。他的个人经历和受教育背景，使他精于应用，重视实践。萧先生曾经十分自豪地告诉我们，当年怎样不用三脚架，手持照相机拍摄夜景，怎样用两根日光灯并排做光源印放大幅照片。1949年回国后，他首先是以一个实干家的身份活跃在电化教育领域的。他曾自制幻灯片，组织在天安门广场的放映，每场观众多达几千人。

萧先生经历过旧中国和新中国两种社会，了解美国的社会和教育背景，因而他的工作和研究始终立足于中国的现实。在1949年回国后不久，他就指出"照搬国外电教理论和实践与国情有距离"。他提出了运用幻灯帮助观众领会电影情节，在电影放映前播放幻灯宣传国家的方针政策，以及大规模专场放映幻灯等适合国情的电教方式。1981年他在《对电化教育的意见》中谈道："开展电化教育要注意我国的经济条件、人员培训、教材编写，并大力宣传、示范。"

萧先生要求硕士研究生写论文时必须到中小学结合课程做实验研究，要用数据说明结果。我们外出访学时，有的客座教授建议我们选做电化教育理论体系方面的研究，这样层次能够高些。我后来向萧先生提到这一点，先生说你们今后肯定会研究理论体系的，能比我的层次高，但是现在先要做基本的实验研究，知道实际情况。按照先生的意见，我设计和制作了初中物理概念系列投影教材，在保定市三所中学进行了一学期的实际使用，做了准实验研究。当我深入学校后才发现有很多预想不到的问题，而解决问题的过程又是自己研究问题和提高自身的过程。

萧树滋先生从事电化教育事业五十余年，在我国电化教育普及应用和电化教育理论体系建立方面做出了不可磨灭的贡献，他给中国电化教育历史增添了辉煌，他的人格魅力和治学态度让我们深深怀念。

（张军征，山西大同大学教授）

幼教拓荒　教永春长

——怀念卢乐山先生①

先生小传②

卢乐山（1917—2017），河北沔阳人，我国著名幼儿教育家，新中国学前教育学科重要奠基人，北京师范大学教育学部教授。新中国成立之初，卢乐山主持编撰了新中国第一部《幼儿园教育工作指南》，为新中国学前教育理论与实践发展奠定了基础。改革开放之后，卢乐山专心于蒙台梭利教育研究、儿童游戏研究、张雪门幼儿教育思想研究、家庭教育研究等，对深化和拓宽我国学前教育理论与实践研究做出了重大贡献。编著有《蒙台梭利的幼儿教育》《学前教育原理》《卢乐山文集》等。

---

① 原文刊发于 2018 年 9 月 10 日《光明日报》，收入本书时略有修改。
② 本页照片由卢先生家人提供。

先生箴言

游戏与婴幼儿身心的发展有着密切的关系。在游戏中的练习、"实验"和"创造"提供了运动和思考的机会，并促使婴幼儿的心理活动由低级向高级逐步转变：从运用具体材料表现事物的具体行动，转变到注意和表现事物的意义；从记忆、联想发展到概括和抽象思维，直至创造性的想象；从无意行为发展到有意行为；从被动转变到主动；从以自己为中心到出现社会化和社会性的行为品质。总之，幼儿在游戏中还锻炼了意志、培养了独立能力。游戏不仅适合婴幼儿的心理特点，而且促进他们的心理沿着正确的道路健康地发展。游戏是婴幼儿的主要活动，必须充分地利用它。

2017 年 11 月 9 日，我国著名幼儿教育家、新中国学前教育学科重要奠基人卢乐山先生因病去世，享年 100 岁。

当天我正出差在外，为即将拉开帷幕的 2017 年中国学前教育峰会做最后准备，思晋大哥（卢乐山先生之子）打来电话告知了这一噩耗，虽说早有心理准备，仍忍不住悲从中来，热泪盈眶，无语凝噎。

我在卢先生身边学习、工作、生活已经超过 30 年，当晚辗转反侧，难以入眠，她慈爱的面容不断出现在我脑海里。从今往后，我们再也无法亲耳聆听恩师的教诲了。先生一辈子兢兢业业，教书育人，为人谦逊，对人宽厚。即使在身后事的处理上，也体现其做人的一贯原则——"不给人添麻烦"，尽己所能为社会做贡献。作为卢先生遗嘱的见证人，当我看到她的手书遗嘱时，非常震撼和感动。先生说："我活了这么大岁数，大家照顾我，给大家添了很多麻烦。死了就不能再麻烦大家，丧事一定要从简，遗体要为社会做点贡献。"

"春蚕到死丝方尽""化作春泥更护花"，是卢先生一生为人和品格的最好写照。

传　　承

卢先生出身于教育世家，祖父卢木斋（卢靖）、外祖父严范孙

（严修）都是近代知名教育家。他们怀抱"教育救国"的理想，主张改废科举，集中全部家产兴办新式学堂，创办了幼儿园、小学、中学乃至大学。

卢木斋先生创办的木斋系列学校至今犹存，严修先生创办的南开系列学校闻名遐迩。1904年，我国出现了第一所官办幼稚园。1905年，严修先生就在家里办起了中国历史上最早的一所培养幼儿教师的教育机构，即"严氏保姆讲习所"，并附设了蒙养园。

1907年，时任直隶首任提学使的卢木斋先生也开办了卢氏幼稚园。卢乐山先生的母亲、姑母、表姐都曾学习幼儿教育并从事幼儿教育工作，属于我国最早的一批学前教育工作者。

"幼教梦一直流淌在我的血液里。"卢先生在很小的时候就进入卢氏幼稚园和严氏幼稚园学习。在重视幼儿教育的家庭氛围的影响下，她一生矢志幼儿教育事业，传承祖辈的"教育梦"，成为百年来中国幼儿教育发展变迁的见证者、亲历者和践行者。

在经历了南开女中六年的学习生活之后，1934年，年仅17岁的卢先生考进燕京大学，并选择幼儿教育作为主修专业，由此正式进入幼儿教育领域。良好的家庭教育，不仅养成了先生温婉宽厚的性格，也培养了她对儿童、教育和社会的使命感。

大学期间，卢先生就把"学习不忘服务，治学不离实践"作为座右铭，把呵护儿童，尤其是处境不利儿童的成长作为自己的责任。在燕京大学求学期间，她"就感觉燕京大学这墙里边和墙外边差距太大了，如果我们不去主动教育的话，这些穷人家孩子是没有机会也上不起学的，甚至连他们的父母也不觉得有这个需要"。

那时卢先生在成府街上为穷苦人家的孩子创办了一个短期的半日制幼稚园，为这些孩子提供了一个较好的教育环境，以弥补家庭教育的不足。孩子们的变化使她第一次切身体会到幼儿教育的意义和乐趣，进一步坚定了从事学前教育的信念："教育跟不教育，还是有很大区别的。"

为了丰富自己的实践经验，大学毕业后，卢先生选择到幼儿园工作，回到天津木斋学校重新恢复幼稚园，全权负责教学工作。后因母亲生病，她离开木斋幼稚园，应邀在北平协和医院独立开设了一个小型幼稚园。

幼儿园的实践工作使卢先生对幼儿教育有了更加深刻的认识，激发了她进一步深造的愿望。带着在实践中产生的问题与困惑，她于1940年再次报考燕京大学研究院。但只读了一年半，太平洋战争就爆发了，日本人占领了燕京大学，学校停办。

过了不久，燕京大学在四川成都复校。1944年，卢先生南下成都，在成都燕京大学继续完成被中断的学业，一边完成硕士论文，一边在树基儿童学园当老师。同时，她还在成都幼稚师范学校教课，指导大学三年级学生实习。她把实习生工作当中发生的情况和问题结合到教学中，理论联系实际，很受学生欢迎。1945年，卢先生获燕京大学硕士学位。1948年，她赴加拿大多伦多大学儿童研究所进修。

转　　变

1950年，当得知自己怀有身孕的消息后，在加拿大多伦多大学儿童研究所进修的卢先生和丈夫雷海鹏先生毅然归国，"一定要把孩子生在国内，做个完完全全的中国人"。一到北京，她便收到了北京师范大学保育系的聘书，教授幼儿园语言教材教法、音乐教材教法和自然教材教法三门课程。

新中国成立前，北京师范大学就开设了保育系和家政系。1952年全国高等学校院系调整，北京师范大学的保育系和教育系合并成教育系学前教育专业，卢先生被任命为学前教育教研组主任，亲授专业基础课程——学前教育学。为配合学生的见习与实习活动，她经常深入北京的幼儿园，在指导学生的同时，也帮助幼儿园教师提高业务水平。

当时，教育部先后聘请两位苏联专家到北京师范大学指导全国幼儿教育工作。卢先生领导北京师范大学学前教育教研组以及全国各地到北京师范大学来学习的教师，开始建设以辩证唯物主义和历史唯物主义为指导思想的中国学前教育理论与实践体系，这对于之前一直研究西方学前教育理论与实践的她来说，是一次全新的学习历程与思想转变过程。

为了规范和指导全国幼儿园教育实践，教育部向北京师范大学学前教育教研组下达了编写《幼儿园教育工作指南》的任务。在苏联专家的指导下，卢先生带领团队经过两年多的共同学习、分组研讨和实地试验，于1956年完成了《幼儿园教育工作指南》初稿。

卢先生亲自撰写了五万字的"总编"部分。她提出，幼儿园应该对幼儿进行体、智、德、美等全方位的教育，制定体育、智育、德育、美育等各个方面的任务与要求，但对幼儿的教育不能靠抽象的概念灌输，应当根据幼儿的年龄和学习特点，主要通过创造性游戏、教学游戏等来进行。

《幼儿园教育工作指南》是新中国成立以来第一部幼儿园教育指导纲要，第一次明确规定了新中国幼儿园教育工作的任务、内容、途径与手段、原则等基本内容，为新中国幼儿园教育理论与实践发展奠定了坚实基础。即使在今天看来，《幼儿园教育工作指南》仍然具有较强的科学性和实践指导意义。

此后，一次次的政治运动开始冲击校园，卢先生当时主讲的专业基础课学前教育学似乎没有哪一年是能讲完的，完成日常的教学工作已成奢望。但每次提到"文化大革命"，她更多回忆的还是那些苦中作乐的有趣事情，也许正是这种乐观精神，支持她度过了那段"难熬"的日子。

征　　程

"文化大革命"结束后，我国学前教育理论与实践亟待"拨乱反正"，"文化大革命"期间被中断了的学前教育理论研究与实践需要恢复和发展。1978年，北京师范大学学前教育专业恢复招生。此时，卢先生已经60岁。在学校的挽留下，她以饱满的热情和开放的胸怀投入到教学和研究工作中。

卢先生密切关注西方学前教育的发展动态。她发现，20世纪六七十年代，因皮亚杰的建构主义认知发展心理学的兴起，蒙台梭利教育在美国"复活"，并得以在世界范围内发展壮大。卢先生对蒙台梭利教育并不陌生，她很早就接触过蒙台梭利教学法。但是1949年以后，蒙台梭利教育作为西方资产阶级的教育理论被"扫地出门"。在亲友的帮助下，她从美国购买和复印了一些介绍蒙氏教育的资料，了解其理论与实践的发展现状，并指导研究生开展蒙台梭利教学法的研究。1985年，年近70的卢先生，冒着风险出版了我国第一本介绍蒙台梭利教育的书籍——《蒙台梭利的幼儿教育》（因为当时蒙台梭利教育还没有被"平反"）。这是我国第一本系统介绍蒙台梭利教育的书籍，为我国之后的蒙台梭利教育的理论研究和实践发展奠定了前期的学术准备。之后，卢先生又陆续发表了《蒙台梭利教育在美国复兴》《实事求是地对待蒙台梭利教育》等文章。1994年，蒙台梭利教育被正式引进我国，当时北京师范大学成立了研究小组，在北京师范大学实验幼儿园和北海幼儿园开设了实验班，卢先生被聘为这一课题研究小组的顾问。

如今，蒙氏教育在中国大地遍地开花。面对蒙氏教育在传播过程中出现的问题与弊端，卢先生一直呼吁，对于蒙台梭利教育理念与方法的借鉴，不能仅仅停留于表面的模仿。蒙台梭利教学法试图让幼儿通过操作成系列的、由简单到复杂的玩教具进行重复学习，形成概念，然后进行创造。教师在幼儿的学习过程中主要起促进和辅助作用。但是，教师不能按部就班地机械使用这些材料，只是让幼儿简单操作、摆弄和模仿。教师如果不知道在合适的时间对幼儿进行引导、点拨，激发幼儿的创造力，这种教育就可能走向反面。卢先生认为，应当用"积极的、发展的、时代的眼光去研究和实践蒙台梭利教育法，博采众长，创造合乎时代、具有中国特色的幼教理论新体系"。

1982年，北京师范大学学前教育专业开始招收新中国第一届硕士研究生，卢先生成为新中国学前教育专业的第一位研究生导师。我就是在这个时候来到先生身边，成为她的硕士研究生的。

那时，卢先生正在研究两个课题，一个是蒙台梭利教育，另一个是儿童游戏，而这两个课题后来对我国新时期学前教育理论研究与实践发展影响深远。卢先生建议我做儿童游戏研究。游戏是学前儿童的基本活动，也是对学前儿童进行全面教育的基本途径与手段。但是，当时很多人都不能理解研究游戏的意义是什么。"游戏不就是玩吗？有什么好研究的？"国内关于儿童游戏研究的资料更是奇缺。卢先生便把自己从国外买回来的英文资料借给我看，指导我翻译英文文献。我发表的第一篇介绍国外关于儿童游戏研究的文章就是她亲自改定的。

先生当时组织了一个游戏研究小组，成员包括北京师范大学学前教育教研室的老师、研究生和北京市的教育科研人员。我们定期到幼儿园开展研究，讨论游戏研究中的问题。可以说，卢先生手把手地教我做研究，把我领进了学前教育研究的大门，奠定了我此后研究的坚实基础。1986 年，我在《北京师范大学学报》上发表了生平第一篇研究论文《象征性游戏和学前儿童的智力发展》；1987 年，我出版了关于儿童游戏的第一本专著《儿童游戏的当代理论与研究》。这一切都得益于先生对我的指导与鼓励。

为了加快学前教育人才培养，1987 年，北京师范大学学前教育专业开办了第一届，也是唯一一届硕士研究生课程班，卢先生成为研究生课程班的总导师，进一步为学前教育专业研究生培养积累经验。为此，学校让我留校协助卢先生工作。这届研究生班的许多学生如今都已成为我国学前教育领域的栋梁。

2017 年卢乐山先生和本文作者合影

"学前教育不是婆婆妈妈的事，而是一门专门的学科，是一项非常重要的工作。""现在的社会给了幼儿教育更高的要求，幼教工作者需要更高的热情，这里面可以大有作为。"卢先生在很多场合都再三强调学前教育的专业性和科学性，毕生身体力行推动我国学前教育的科学研究，是将理论研究和实践相结合的典范。

1991年，卢先生组织北京师范大学前教育教研室的教师和研究生编写出版了我国第一本《学前教育原理》，该书后来获得了教育部优秀成果奖。这本书对于我国学前教育理论与学科建设具有里程碑式的意义。

教育史专家徐梓给出过这样的评价："卢先生一家，是百年中国幼儿教育的一个缩影，卢先生一生，是中国现代幼儿教育的见证。"在七十多年从教生涯中，卢先生做过托儿所、幼儿园、小学、中学、幼儿师范学校、师范大学的教师，也做过家庭教育方面的工作。她主持编写了新中国第一部《幼儿园教育工作指南》，引进西方蒙台梭利幼儿教育思想，挖掘整理中国传统幼儿教育思想，主编《学前教育原理》……。这些成果构成了中国学前教育学术史上的一个个重要节点。可以毫不夸大地说，卢先生是我国百年幼教的重要传承者和亲历者，是新中国学前教育的重要奠基人。

卢先生还积极关注和参与社会工作，承担了民盟、全国妇联、全国政协等组织的工作，但从始至终都没有改变幼教工作者的专业本色，她将自己的全部身心都献给了幼儿教育事业。

大智者谦和，大仁者宽容。这个与时俱进的百岁老人会用平板电脑发微信、收邮件、看新闻，在电脑上玩"蜘蛛纸牌"游戏也是她的爱好。先生用她的一生，为我们树立了"活到老，就要学到老，不学到老，就没有资格活到老"的终身学习典范。先生待人的宽厚、做人的谦逊、做事的淡定和治学的严谨，更是我们学习的楷模。先生虽然离开了我们，但她永远是我国学前教育工作者心中的一座丰碑！

（刘焱，北京师范大学教育学部教授）

南国农先生二三事

先生小传

　　南国农（1920—2014），江西清江人，西北师范大学终身教授。1943 年自中山大学毕业后，进入国民政府教育部电化教育委员会工作。1948 年，赴哥伦比亚大学教育研究院研习比较教育与视听教育。1953 年，被聘为西北师范学院（现为西北师范大学）教授。首次将电化教育纳入教育学的教材体系中，举办电化教育研讨班，发起成立中国电化教育研究会，创办《电化教育研究》杂志并担任主编。1983 年，首先在华南师范大学成立电化教育系，而后在西北师范大学成立电化教育系并担任该系首任系主任。先后主编《电化教育基础》《电化教育学》《教育传播学》《信息化教育概论》《中国电化教育（教育技术）史》等。

先生箴言

信息化教育姓"教"，不姓"技"，它是属于现代教育范畴的一种新的教育方式。它不只是一种新的教育方法，不只是一种新的教育内容传递形态，不只是一种新的教育组织形式，而且是所有这些的综合，是一种新的教育方式。

信息化教育是现代教育思想理论与现代信息技术相结合的产物。它的完整公式是：现代教育思想理论×现代信息技术=信息化教育。

电化教育要成功，必须要有现代教育思想理论的指导，必须要有现代技术媒体的支持，两者不能缺一，否则，难得成功……

我的恩师南国农先生为我国的电化教育乃至整个教育事业的发展做出了不可磨灭的贡献，被称为新中国电化教育事业的奠基人与开拓者。他拥有矢志不渝的爱国情怀、虚怀若谷的人格魅力、高瞻远瞩的学术见解，是我做人、做事、为学的榜样。我作为一名普通的教育技术工作者，为能认识这样的泰斗并成为他在西北师范学院培养的第一届教育技术学专业的博士研究生感到无比荣幸和自豪。他对我的影响很大，这里仅说几件往事来表达我对先生的崇敬之心、感激之情和怀念之意。

初识先生，深受激励

1983 年 6 月，我从河南大学物理系本科毕业后被分配到本校教育系工作，当时给我的任务就是讲授物理系的公共教育学课程，辅导教育系的电化教育概论课程（主讲教师为章薪樵老师）。1985 年 9 月，刚刚大学毕业两年的我，在王汉澜先生（我硕士阶段的导师）和章薪樵老师的推荐下来到西北师范学院电教系进修电化教育。在此之前，就听说西北师范学院有一位电化教育方面的著名专家南国农先生，应该说是未见其人，先闻其名，我对先生充满了敬佩和期待。来到西北师范学院后，我跟随电教系 84 级的学生学习、听课。那时，南先生是电教系主任，杨改学老师是 84 级电教系学生的班主任。我在这一年的进修期间，系统学习了七门课程，每门都取得了优秀的成绩，其中包括南先生为我们开设的一场专题讲座——《电教教学法》。第一次见到南先生是在电教教学法的课堂上，当时的南先生虽然已经65岁了，但我们一点也看不出来。他穿着讲究，举止稳健，给我留下了深刻印象。南先生授课深入浅出，言简意赅，逻辑严密，启发性强。他严谨的治学态度和认真负责的精神更是令我们难忘。至今我还清楚地记得，一次南先生去香港访问，耽误了课程，回来后就给我们补课。南先生这次课讲得非常精彩，既传播了最新的学术观点，又讲了在香港的所见所闻和新鲜趣事，让我们这些没有见过世面的学子很是兴奋。

一年进修学习转眼间就要结束，在即将分别之时，南先生在我的毕业纪念册（我跟随84级学生一起毕业，感谢杨改学老师为我们进修生也发了一本毕业纪念册）第一页上写下了赠言："不断学习，勤奋工作，珍惜时间，勇于探索。"南先生的这个赠言，我至今保存完好，并时常拿出来拜读，它激励着我不断进步！

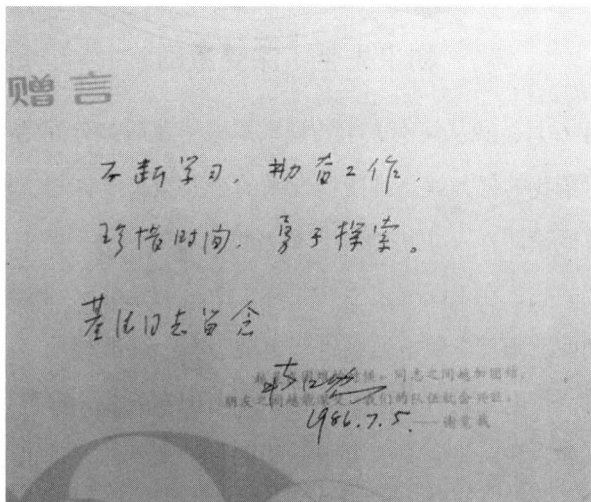

1986年南国农先生在本文作者毕业纪念册上留言

再入师门，理解更深

2004 年，西北师范大学开始招收第一届教育技术学专业博士研究生，我看到这个消息后既激动又有些忐忑不安。激动的是新中国电化教育的"圣地"——西北师范大学——终于可以招收教育技术学专业博士研究生了，我又有机会继续去那儿学习了。忐忑的是南先生名气这么大，竞争必然很激烈，考南先生的博士有希望吗？我心里没有底，就决定写封信向南先生咨询一下。没有想到，南先生很快就回信并鼓励我参加考试。在他老人家的鼓励下，我才有信心准备博士研究生入学考试，经过激烈的竞争，我和俞树煜获得了这次难得的学习机会，成了西北师范大学第一届教育技术学专业的博士生。

作为博士生，我有更多机会与先生更亲密地接触，对他的学术思想、为人处世有了更深入的了解和理解。在学术研究上，作为教育技术领域的权威期刊——《电化教育研究》——的主编，先生从不打压与自己观点不同的学人，而是鼓励不同观点相互碰撞，倡导百家争鸣。即使论文的观点与南先生不同，只要有创新，他照样发表。同时，作为一名深爱电教事业的老电教工作者，他时刻关注中国电教事业的发展方向，有时甚至为之忧心忡忡。在电化教育发展的很多关键阶段，南先生总能以他高深的学术造诣、睿智的发展眼光，为我国电教事业指引方向。

20 世纪 80 年代，电教事业重新起步，亟须正确的思想和理论来指导电教事业的发展和电教学科的建设，先生深入研究我国的电教实践活动，博采众长，提出了"运用现代教育媒体，并与传统教育媒体恰当结合，传递教育信息，以实现教育最优化就是电化教育"的观点。在与电教有关问题的争论中，他坚持电化教育姓"教"和"大电教"的观点，并提出了著名的"电教七论"，为电化教育事业和电化教育学科发展奠定了良好的基础。

世纪之交，随着 AECT' 94 定义的热炒，我国部分电教工作者迷失了方向，南先生重申"以现代教育媒体的研究和应用为核心"的观点，指出这是我国电化教育的最大特色，也是建立整体电化教育理论体系的逻辑起点。

南先生提出的"天下电教是一家""以人为本，和为贵"的"大电教"理念，团结了海内外的"电教人"。他针对引入国外教育技术理论出现的偏差，严肃地提出我国的教育技术要"摆脱依附，采中外古今百家之长，自己开辟创新之路"，要"立足本国实际，追踪现实问题；既要借鉴，更要超越"。

2007 年南国农先生与本文作者在西北师范大学校园内南先生家楼下合影

21 世纪初，社会对 AECT' 94 定义的炒作尚未结束，AECT' 05 定义又被介绍到中国，为避免重蹈热炒 AECT' 94 定义的覆辙，南先生号召主要电教期刊适度介绍 AECT' 05 定义，不要热炒，并于 2005 年及时发表了《中国教育技术学专业建设的发展道路》这篇重要论文，再次为教育技术研究指明了发展方向。从新中国电化教育学科的初建，到第一批电教人的培养，再到教育技术学理论与实践体系的完善，南先生始终默默奉献着，为教育技术学的远行掌舵护航。

为了及时抢救电化教育的珍贵史料，南先生提出趁老一代电化教育工作者还健在，要加强电化教育史研究。他亲自组织申报电化教育史研究课题，课题获批后，他组织全国权威学者进行《中国电化教育（教育技术）史》的编写出版工作。其间，南先生不顾身体虚弱，认真查阅史料，仔细地对书稿进行勘正，终于在他离世的前一年完成了《中国电化教育（教育技术）史》的出版工作，了却了一桩心愿。

2014 年 9 月 18 日，南先生在已经病重的情况下，在家里接待了时任教育部高等学校教育技术学教学指导委员会主任委员、华中师范大学校长杨宗凯一行，与他们深入探讨教育技术的发展方向。他与杨校长一见面，还内疚地说："非常抱歉，我不能起身招待你们。"南先生为了更充分更流畅地与杨校长交流，本来过一段时间就需要吸一次氧气，他却一直坚持了半个多小时没有吸氧，把他对电化教育和信息化教育的认识进行了系统阐释，并语重心长地对杨校长一行说"天下电教是一家"，"要以人为本，和为贵"。杨校长一行也颇为赞成先生的观点并深受感动，在南先生逝世后，他们撰文表示："南国农先生德之高、才之厚、心之诚，让我们由衷赞叹！"[①]

---

① 吴砥. 传承与创新：教育技术学科两代学人的对话 [J]. 电化教育研究，2014（10）：5-7.

想其做人，受益终身

先生不仅在学业上引导我，在做人上也影响了我。他宽广的胸怀、睿智的思维、处处为别人着想的风范，让我受益终身。他经常对学生说，做学问、做事、做人都重要，但做人更重要。

先生作为新中国电化教育的主要奠基人和开拓者，在我国电化教育界享有很高的声誉。但他在与别人相处交往时，从不拿自己的资历来压人，也从没有在别人面前炫耀过自己过去不平凡的人生经历。面对别人的质疑与批判，即使是名不见经传的后生，他也总以实事求是的态度来分析问题存在的原因，认可并接受正确的声音，理解并宽容错误的部分。当外界一度不看好电化教育专业的时候，是他在积极地反思进取；当有人抛出教育技术"十大罪状"时，又是他做出客观的分析和回应并鼓舞大家继续努力。南先生这种宽容、谦虚、务实的态度和精神让大家对他更加肃然起敬。

古语"一言一行传人之修为"，是说一个无意的举止最能反映一个人的修养。南先生做报告时发生的一件事情给我留下了深刻的印象。2007年6月，西北师范大学教育技术与传播学院牵头组织了"教育技术'两岸三地'西部行活动"，南先生第一个做主题报告，由于感冒，先生的身体比较虚弱，会议组织者让先生坐下讲，87岁高龄的他毅然坚持站着（先生每次做报告都坚持站着）为大家讲了一个多小时。先生的报告思路清晰、见解独到，赢得了在场听众的阵阵掌声。但因为他戴的手表字太小，没有看清时间，这次报告比预计的时间超过了一点点，他懊悔不已，后来就买了一块字大的手表，防止再出现类似问题。

先生为人谦和，平易近人，是可亲可敬的导师。他对我个人的学习和毕业论文非常关心。他一直非常赞赏我对教育技术学的学科建设问题进行研究。从我论文的选题、开题到定稿都凝聚着他的心血。当我遇到困难时，总是在他老人家的鼓励下重新获得勇气；当我遇到困惑时，总能从他老人家的话语中得到启发；当我需要资料时，他老人家为我提供甚至亲自打电话到别处查询。我还清晰地记得，有一次，他拖着病体为我们指导论文和讲解编写"信息化教育丛书"的指导思想。尽管我知道现在的实际成果可能与他老人家的期望还差得很远，但我努力了，并且还将继续努力。

在日常生活中，南先生也非常风趣，而且对我们学生关怀备至。2006 年 4 月，我陪先生在一个公园里划船，已经 86 岁高龄的他，坚持自己划船，让我们坐船，我们玩得非常开心。

2006 年南国农先生及其夫人与本文作者在洛阳王城公园划船

记得每次到先生家，他总是放下正在处理的工作，手里拿着眼镜从书房走出来，亲自到门口迎接，并笑着说："快坐，快坐！"我们不会忘记，每到周末，他总是准备一桌丰盛的菜肴，请学生到家里做客，更不会忘记他与我们同桌共饮和吃饺子的情景。更令我难以忘怀的是，每当我们学生在元旦或春节为他老人家寄贺卡祝贺新年时，他都亲手写贺卡并寄给我们，弄得我们不好意思再给他老人家寄贺卡，免得他还要为我们写贺卡。

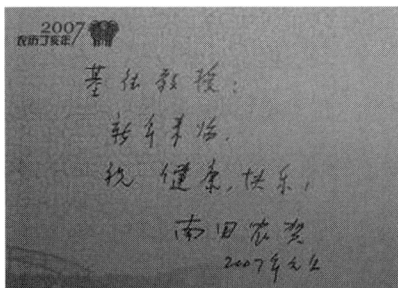

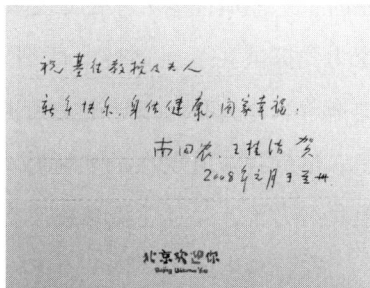

2007 年南国农先生寄给本文作者的新年贺卡　　2008 年南国农先生寄给本文作者的新年贺卡

他凡事总是想着别人。2014 年 9 月 16 日是先生的最后一个生日。那天，我和王陆、俞树煜、杨卉、汪颖、王卫军、李建珍、黄立新等人去先生家里给先生过生日，先生虽然很高兴，但这次再也没能像往常那样从卧室里走出来。先生在卧室里跟我们说："我不能给你们什么，你们这么忙，还来看我，我给你们添麻烦了。"没想到，这句话，竟然是我听先生说的最后一句话。

作为新中国电化教育事业的主要奠基人和开拓者的南国农先生，可圈可点的事迹很多，无法在有限的篇章中全部列举。他老人家虽然已驾鹤西去，但永远活在我们心中。作为他的弟子，我们理应将先生的思想和精神发扬光大，在平凡的岗位上努力工作，多做贡献，以报先生教诲之恩。回忆先生所做所述，历历在目，谨以此文纪念先生！

（汪基德，河南大学教育科学学院教授）

最后的教诲
——深切缅怀敬爱的导师黄济先生[①]

先生小传[②]

　　黄济（1921—2015），原名于鸿德，山东即墨人。1946—1948 年就读于北平师范学院，肄业；1949 年毕业于华北大学教育系。历任中国人民大学教员，北京师范大学讲师、副教授、教授，第二届国务院学位委员会教育学学科评议组成员，全国教育学研究会第二届副理事长。我国著名老一辈教育学者，新中国教育哲学学科的主要奠基人之一。著有《教育哲学初稿》《教育哲学》《教育哲学通论》《诗词学步》《雪泥鸿爪：新中国教育哲学重建的探索》《黄济口述史》《国学十讲》等，主编了《中国传统教育哲学思想概论》、《现代教育论》（与王策

三教授共同主编)、《中国教育传统与教育
现代化基本问题研究》（与郭齐家先生共同
主编）等书。

先生箴言

教育哲学，首先遇到的问题就是哲学基础问题。我国的教育哲学应以什么为其哲学基础呢？我们的回答是以马克思主义哲学观和方法论，即辩证唯物主义与历史唯物主义为其哲学基础。在当今多元化成为主要思潮的形势下，要不要有一种哲学思想作为其理论基础呢？综观教育思想的发展史，也借鉴当今各个教育哲学流派的实际情况，我们对这个问题的回答是肯定的。既然古今中外的教育思想家和各个教育哲学流派，在他们的教育主张的背后都有一定哲学观和方法论作为基础，不管他们是自觉的还是不自觉的，那么，我们的教育哲学，也就应当选定并郑重宣布自己的哲学观和方法论。

现在是 2015 年 2 月 5 日凌晨。昨夜在睡梦中又见到了敬爱的先生，我清晰地看见他坐在我的面前，谈论着他正在从事的古代诸经选择和诠释的工作，似乎对于其中一些内容又有了新的认识，兴奋之情溢于言表。梦中先生言谈情状之生动令我恍惚之间怀疑先生仙逝的消息是不是我出差期间学界的一种谬传。待我找到机会插话告诉先生这个谬传时，先生笑而不语，直到梦醒。

窗外，是沉沉的黑夜。

内心，是绵绵的思念。

此刻，先生已经离开我们快一个月了。

"给你添麻烦了！"

2014 年 11 月 28 日傍晚时分，我坐在从北京到徐州的动车上，接到先生家里座机打来的电话。我还以为如往常一样，是先生找我。我赶紧拿起手机，摁下绿色的接通键，对着话筒说："黄先生，您好！我是小石。"可是，这次意外的是，话筒那边传过来的不是"中英同志，我是黄济"的亲切声音，而是先生女儿的声音。她告诉我先生生病了，是前一天起夜时摔在了洗手间里，颈椎出现了问题，并说先生叮嘱过，不让告诉我。我赶紧询问诊断和治疗的情况。学姐告诉我，已经到北医三院做了检查，拍了片子，由于先生年逾九旬，不能做手术，只能做牵引，但是由于没有床位，住不了院，问问我有没有其他的办法。

放下学姐的电话，我赶紧联系一位小师妹，她的爱人就在北医三院工作。很快，师妹那边有了消息，确认床位紧张，一周之内都住不上院。我给北京师范大学校医院院长打电话，问问他北医三院有没有熟人可以帮忙，结果也不如愿。我拨通北京师范大学附近二炮总医院（现为火箭军总医院）负责人的电话，把先生生病的情况大体上向他做了汇报。医院负责人听后非常重视，吩咐我让先生家人把北医三院拍的片子送过去，他安排相关科室的大夫看过片子后再定。我把这个消息告诉了学姐，她们也很快将片子送到二炮总医院请骨科大夫看了看，并确定第二天，也就是 11 月 29 日去住院治疗。

我这一次的出差时间有点长，先在徐州参加了一个会议，紧接着又从徐州到芜湖，参加一个活动。等回到北京的时候，已经是 12 月 2 日的晚上。会议期间接到的消息是说先生已经住上院，医院方面已经做了全面的检查，并做了牵引治疗的安排。3 日，我抽空去医院看望先生。一走进病房，我吓了一跳，只见先生平卧在床上，头上坠着个铅块一样的东西，一动也不能动。"这就叫牵引？"这和我心中对牵引治疗的想象一点儿也不一样。先生看见我来了，一方面很高兴，另一方面像往常一样，反复地说："给你添麻烦了！"我知道，先生一生，凡事都要自己做，最不愿意给别人添麻烦。他晚年摔过几次跤，甚至摔破过头，可都从来不告诉我们这些做学生的。我们都是事后去先生家里，才听他说起摔跤的故事。看他讲故事时的一脸轻松，我有时会产生一点错觉，似乎故事中摔倒的不是他本人，而是别人。坐在先生的病床边，听到他熟悉的声音，我觉得这次也会和前几次一样没有事情的，先生很快就会好起来，回到他堆满书籍的书桌旁，继续他的学术之旅。

"大苗是好同志"

在先生的病床边，有一位护工在忙碌着。她个子不高，圆圆的脸，穿着一身蓝色的工作服，动作十分干净利落，一看就知道是一位能干的护工，还懂得一些专业的护理知识，如吸痰等。先生向我介绍："她叫大苗，禾苗的'苗'。"并说，"大苗是好同志，像亲生女儿一样。"

对于先生这样一位一生都不愿意给别人添麻烦的人来说，躺在病床上，让别人来伺候，可真是一件不容易的事儿。听说先生一开始经常拒绝按照大苗的要求做这个做那个。这个叫大苗的小妹妹，也真是有办法，到最后还是让先生按照她的要求去做，比如擦洗身子、帮助通便等。有一次，大苗刚刚为先生换好衣服，可先生在吃药时不小心呛着了，把药汁全都吐在了刚换好的衣服上。为此，先生一个劲地向大苗道歉，说是刚刚换好衣服，又让自己给弄脏了，感到很不好意思。大苗呢，则笑一笑，丝毫不介意，继续做她自己的活。

"我好发脾气"

先生性格温润如玉，待人崇礼，有君子风度，这是中国教育学界的共识。可是呢，先生自己却常常说自己性格不好，好发脾气。先生生病住院时，我去看他，他又提到这一点。先生说："大家都说我性格好，其实我性格不好。我好发脾气，发起来很大。发过之后，想想又很内疚，怕是伤过人。"

黄济先生与本文作者在北京师范大学英东楼前合影

坐在先生的病床边，听先生回忆他"发脾气"的故事，一件又一件。可是，听来听去，似乎都不像是先生愿意发脾气，而是先生基于自己对于学术的理解和对学生的爱护而说的几句重话。我跟先生说："先生别介意这些事情了，您发脾气是爱护大家，而且呢，大家也没有怨您的意思。事实上，正是由于您的批评和教诲，年轻人才能够健康成长！"可我的劝慰丝毫不能让先生释怀，他说："我也是脾气急，如果不那么急，换一个态度，可能效果会更好。"其实，我知道，就先生所列举的那几件"发脾气"的事情来说，实在是怨不得先生。故事中几位年轻人的拖沓、偏执或不知权变实在让深爱着他们的先生心生愠意，不由得说了几句重话。

先生平日里对学生们的批评极少，反之，看到学生们身上有一点可取的地方，就积极给予充分的肯定。学生们跟随先生学习，如果有谁能够领受到先生的批评或"脾气"，那真是一件幸福的、值得铭记一生的事情！

"我的级别不够"

先生初入院时，住在骨科病房，三个人一间。我去看他时，他抱怨说，病房人多，晚上睡不好觉，问我能不能换个大一点的病房。我满口应承，答应去协调。我找到医院的部门领导，了解到在骨科没有办法换了，要换只好去高干病区。我把这个消息告诉先生，说可以去高干病房，那里一人一间。先生听后，又不愿意去，说"最好不要去高干病房，一人一间，我的级别不够"。而且，去高干病区，不便于护工的上下照料，也着实有不方便的地方。

这一下我可犯难了。只好再去找大夫，和他们商量，看看能否在骨科病区有病人出院的条件下，能够优先减少先生所在病房的床数。大夫们也痛快地答应了。先生在骨科诊治的最后几天里，屋里的病床终于减少到两张。不过，之前我去看望的时候，先生就说睡眠的问题解决了，可以睡得比较踏实。

先生弥留之际，教育学部离退休办公室到学校档案馆借来先生的档案，准备后事。我翻阅先生厚厚的档案，在最后赫然发现一张 20 世纪 90 年代教育部写给北京师范大学的公函，公函上明确写着："同意黄济先生离休，享受司局级待遇。"我不知道司局级待遇在医疗上有什么特殊的照顾，是否可以享受两人一间或一人一间的待遇？如果我能早一点见到这个公函，也许能够在先生一入院时就为他争取一个比较好的医疗条件。我也不知道先生是否知道这个公函的事情，二十多年来，我也从未听他说起过离休后按照规定可以享受司局级待遇的事情。

"《乐记》关注得不够"

先生一生学而不厌，勤学不辍，因而博学广识。先生本来在幼年时就受过比较系统的私塾教育，古典文化修养深厚。但是，先生并不因此自傲，还常常围绕自己所从事的工作，博览古书，以求新证。先生住院期间，还十分挂念自己正在主持的一套国学普及类丛书的撰写工作。这一套书，他自己就承担了其中两本书的任务，其中一本是《诸经解读》。

我侧立在先生的病床前，听他讲该书的进展。先生说，他已经把《乐记》整理完了。我很无知，很惊讶地问："《乐》整理完了？《乐》不是已经失传了吗？难道老师发现它了吗？"我之所以提这样无知的问题，是因为在大学期间及工作以后，我从多处知道古代的"六艺"或"六经"——《诗》《书》《礼》《乐》《易》《春秋》——中，唯有《乐经》失传了。先生听后用已经不是十分清楚的声音回答说："此乐非彼乐。《乐记》是《礼记》中的一篇，主要论述音乐的起源、格调、功能等。《乐经》虽失传，有《乐记》，再配上荀子的《乐论》，也可以帮助大家知道当时的音乐思想以及对礼乐关系的看法。"先生顿了顿，似乎又积攒了些力气，继续说，"以前，我们只注意到《乐经》失传了，《乐记》关注得不够。"

"我有三件事情，对你有点意见"

先生说，师生之间，他唯一没有发过脾气的学生，就是我，我听后也深感荣幸。可是，先生在病床上拉着我的手告诉我，"我有三件事情，对你有点意见，今天我要告诉你，告诉你了，我们俩之间就没有疙瘩了。"其实，不用先生说，我已经知道他老人家对我的三点意见是什么了。因为在他告诉我之前一个多月，一位外地的师姐进京来看他，先生和她约略聊起过这些事情，师姐已经偷偷地告诉我了。我也正准备找机会和先生说说这几件事情。

先生所说的三件事情，其实都不是与他自己有关，而是与他的学生或学生的学生有关。先生大概认为我没有在这些学生或学生的学生就业、升学或工作中尽力帮忙。讲完之后，先生说，"当然，中英同志，我知道你也不容易，我没有责备你的意思。年轻人以后还要多关心、多指导。"我静静地听着先生的"意见"，听完之后心里感到很内疚。因为近几年工作繁忙，我没有能够在这几件事情上及早和先生沟通，让先生在心里惦记这么久，以至于把它们当作师生最后的谈话内容之一。我知道，先生对青年人的关心是真诚的，他为自己的事情从来不肯张口求人，哪怕是我们这些学生他也不愿意。他确实给我打过电话，先后问过他心里惦记的那三件事情，其中有件事情我也确实努力过，但是没有及时向先生汇报；一件事情我已经竭尽所能；还有一件事情我是有自己的想法，没有按照先生的意愿去做。如今回想起来，先生交代的每一件事情，都应该认真对待，及时汇报，即便不办或办不了，也要及时和先生沟通，以免先生挂怀。

"假如我要报销了"

有一次，我去看望先生的时候，先生突然提出来想看看自己做牵引的模样。我就用手机拍了两张照片，放在先生的眼前，给他看。他认真地看了看，觉得眉骨摔破的地方快要好了。可是，接下来先生却和我谈起了禁忌的话题。他说："假如我要报销了……"还没有容他往下说，我就赶紧打岔："报销的事情您不用操心，北师大校医院院长说了，您是离休干部，您的费用全报销。"先生笑了，摆摆手说："我说的报销不是报销医药费，而是我自己报销了。"我截住话头说："您报销不了，您的革命任务还没有完成，马克思不要您！"先生笑笑说："我是信奉马克思主义的，属于无神论者，对于生死也有客观的态度。人总是要死的，死后的事情还是要早做安排。"

听到这里，我也不好再不让他说了。先生交代，如果他"报销"了，他的书籍一部分可以让于超（我已经毕业的硕士生，先生晚年的学术助手）拿走，我想要的话，自己去家里挑。其余的问问图书馆要不要，图书馆若不要的话，就当废品卖了。先生还交代，他希望自己百年之后身体有用的部分还能捐献出来，帮助他人。说这话时，先生自己也意识到由于年龄较大的缘故，自己的器官可能没有多少用途了。（先生病危之际，他的孩子们曾将先生的愿望向医院方反映过，经过医学检查，先生的角膜很好，身体的其他器官因为老化已无医学上的用途了。先生百年之后，已将角膜捐献给同仁医院，以帮助需要光明的人。）先生还吩咐，他90大寿的时候，出版了一本口述史著作，讲述他的人生和学术历程。述主是他自己，许多章节他也是自己写出来的，但是，整理人是首都师范大学的一位青年教师。后来出版社给该书开了稿费，他分出一半给整理人，可整理人一直没有要。先生吩咐我们一定要将这笔稿费给到整理的老师手上。（请先生放心，您的女儿已经将这笔稿费转给了整理口述史的老师，您的在天之灵不用牵挂了！）

无言的握手

12月中旬，先生因肺部感染，住进重症监护室，健康状况一度好转。先生有一阵子情绪也很好，尽管不能够说话，但是可以通过肢体的动作清晰地表达自己的思想。他经常做的一个动作就是向护士和医生们竖大拇指，表扬他们良好的服务和精湛的医术。有时候，他还主动要来笔和纸张，写下"谢谢!"一类的短句。不过，这个时候，先生的字已经不像平时那样遒劲有力了，歪歪扭扭，辨认还有点困难。

为了保证先生的休息，不让他过于激动，先生住进重症监护室后，我们一般不进去看他，只是通过室外的显示屏观看先生的近况。许多人看到先生的视频影像时，都禁不住流下热泪。有一天，先生的状况比较好，意识也比较清醒，家属说我可以进去到床边看看先生。我按照医生的要求消完毒穿好防护服，有些忐忑地走到先生的病床边，俯身告诉先生："黄老师，您好! 我是小石，石中英，我过来看您来了。"我能感觉得到，先生知道是我过来看他了，呼吸有些急促，右手开始寻找我的手，找到后把我的手紧紧地攥在他的手中。他的手像以往那样温暖有力。我告诉他有关他的病情一些积极的和乐观的方面，鼓励他好好配合医生治疗，应该很快就可以出院回家。临分别的时候，我感到先生的不舍，我把手一点一点地、缓慢地从他的手里抽出来，叮嘱他要好好休息，不要着急，大家都期盼他早日恢复健康，我会再找时间来看他。

之后的一段时间里，先生的病情时好时坏，恢复健康的希望越来越小。2015 年 1 月 8 日傍晚，我刚从医院出来在京师大厦和几位朋友边吃饭边聊点工作，其间接到先生女儿的电话。我预感到不好，急忙与诸友告别赶往医院。我赶到医院时，医生还在抢救。几分钟后，先生就永远地离开了我们。

那次无言的握手，竟成为我们师生最后的交流——温暖而有力!

（石中英，清华大学教育研究院教授）

"三书先生" 琐忆

先生小传

瞿葆奎（1923—2012），字照藜，号宝魁，江苏宜兴人。早年就读于武进县立漕桥小学、宜兴县立夏芳中学（初中），1943年毕业于江苏省立苏州中学，1947年毕业于国立复旦大学教育学系，1951年随复旦大学教育学系全体师生入华东师范大学教育学系，先后担任教育学系助教、讲师、副教授、教授。兼任中国教育学会副会长兼学术委员会副主任委员、顾问，中国教育学会教育学研究会副理事长、代理事长、学术顾问，教育理论刊物研究会理事长、名誉理事长；上海市教育学会副会长，上海市教育学研究会名誉理事长；《中国大百科全书·教育卷》编委兼教育学分支学科主编，《华东师范大学学报（教育科学版）》主编。编著《教育学文集》《教育科学分支学科丛书》《20世纪

195

中国教育名著丛编》《教育基本理论之研究1978—1995）》《中国教育研究新进展》《元教育学研究》《教育学的探究》等。2011年获第四届全国教育科学研究优秀成果终身成就奖。

先生箴言

学术研究的真谛在于存真求实，而存真求实的过程常常需要不断探究、不断争鸣，所谓"理不辩不明"，说的就是这样一个道理。学术研究不应该是"惟书"、"惟上"、"惟师"的，否则的话，就失去了发展的动力，研究也就难以真正深入，逐步逐步地接近真理的"把握"。

当然，争鸣、评说一定要摆事实、讲道理。而且，常常要把自己的研究成果，放在自己批判对象的位置上，因此，对自己的论著也有争鸣、评说的任务。那种对同类性质的论著不涉足、绕道走，不争、不鸣、不评、不说，是非常不利于教育科学的发展的。

　　我攻读硕士学位时师从陈桂生先生，却有幸同时受教于瞿葆奎先生。从 1991 年 9 月开始，我参加了瞿先生组织的所有"学术星期六"活动（第 1 期除外），可以算是老先生一名未及门的弟子了。那个时候我们大学还没有举办学术沙龙的风气，一周一次的"学术星期六"简直成了极其稀罕的学术盛宴①。瞿先生鼓励大家自由辩论，相互质疑，切磋学问。那种清新的学风对青年学子颇具感染力。老先生讲话从容，慢条斯理，包容和鼓励不同的学术见解，对后辈慈和甚至十分客气，也给我留下了深刻的印象。及门受业之后，才知道先生也是一位相当严格的师长。说来惭愧，我可能是他点名批评得最多的学生了。

<h2 style="text-align:center">纳　徒　记</h2>

　　我成为瞿先生的及门弟子纯属意外。

　　硕士研究生毕业时我得到留校任教的机会，不料临到办手续时遇到麻烦。研究生院要求我履行委托培养合同，毕业后回原单位工作。沮丧无奈之际，施良方老师悄悄来找我，让我报考瞿先生的博士。我明白这是瞿先生本人的意思，心存感激，也乐意拜在先生门下，但我还是如实相告：我已经到了应该工作结婚的年龄，根本就没有打算现

---

　　①　瞿葆奎. 教育学的探究［M］. 北京：人民教育出版社，2004：624-627.

在读博士。施老师没有想到我这么没有出息，显得有些惊讶。他劝我：继续攻读博士学位，是你不用回到原单位工作的唯一出路。再说，读博士并不妨碍你结婚呀！施老师讲得在理，但我意欲已决，找借口婉言推辞：我前面没有做考博士的准备，现在又在写毕业论文，不可能有时间备考了。

过了几天，施老师又来找我。他说我可以直接升学读博，不必参加博士生招生考试了。喜从天降，我简直不敢相信这是真的，再推辞不读博就说不过去了。我半推半就，请求施老师容我考虑几天。其实，我内心还是想继续求学的，迟几年结婚并不是问题。就在我下定决心之际，又听说研究生院并没有批准我免试直升读博的申请，原因是我硕士英语课程的成绩没有达到推荐免试直升的合格线。有这种硬伤，我无话可说，只好死了这条心，开始了在上海重找工作的努力。

一周之后，施老师再次找到我。他表示，我还是要参加博士生招生考试的，别的都不用考，只考英语一门。从施老师的话中听得出来，瞿先生和他为我读博的事做了许多工作，争取到这个结果委属不易①。我很是感激，却高兴不起来——再过一个月就要考试了，华东师范大学博士生招生考试的英语试题又是出奇地难。我再怎么做准备，也很难通过令我犯怵的英语考试呀！算了吧！我决定辜负瞿先生和施老师的美意，躲在宿舍里不见任何人，安心写好自己的硕士学位论文再说。

有一天，我突然接到陈桂生先生托人带来的一封书信。陈先生在信中严词训示：停止写论文，准备考试！看来，老师们一直在关注我的动向。这下尴尬了——剩下一周才去准备英语考试，还有什么意义?！可是，恩师之命，不能不从。不过就浪费一个星期，我权且把死马当成活马医，找出一些大学英语四级考试的材料，匆忙准备起来。

---

① 崔允漷. 课程·良方 [M]. 上海：华东师范大学出版社，2007：191.

每天背几十页单词，做十几篇阅读练习，写一篇英语作文……幸好我用对了备考材料，考出了大学英语四级水平，四十几分的成绩正好超出学校招生的最低分数线！

临考前一天下午，我遵命去研究生院报名。招生办公室的老师像看猩猩一样注视了我好一会儿："噢，你就是黄向阳？！"

我去隔壁校医室检查身体，再将体检报告交回招生办，忐忑不安地试探："我是不是错过了正常的报名日期？"

人家告诉我："早就有人替你报名了！"

听到这话，身边有清风掠过，心中有弦歌响起。

先生大德，没齿不忘！

训 徒 记

瞿先生没料到想方设法招来的却是一个黑白颠倒、屡教不改的顽徒。

话说华东师范大学第五学生宿舍一楼曾经有一盏彻夜不灭的灯。那是我的台灯！我读硕士时养成了熬夜的习惯，天一黑就来劲，天一亮就歇觉。先生则有散步的习惯，傍晚及清晨时分，我都见过先生携师母从我窗前经过的身影。先生显然也注意到了我。终于有一天他憋不住了，把我叫进办公室询问：你傍晚坐在灯下，一大早还坐在灯下，天天晚上这样，究竟在干什么？

啊，原来先生看到我勤奋了！老早就听说他对弟子要求甚严——觉少睡一点，天少聊一点，电视电影少看一点。他还说，真要做成学问的话，就得安于艰苦，安于清贫，安于寂寞。老先生天天看见一个学子试图把冷板凳坐穿，想必很欣赏吧。于是，我脱口而出，得意地答道："看书呀，写东西呀。"

先生满脸狐疑看着我，分明表示不欣赏。他说，他过去也喜欢熬夜，读书人差不多都这样。但是，熬夜其实效率不高。我这才醒悟过来，先生原来是在审问我，是在劝我恢复正常作息，把白天睡懒觉、晚上熬夜的习惯改正过来。我爽快地答应先生，可是改掉一个恶习谈何容易！

那是1994年秋天，先生正率领和指导一大群博士硕士研究生综述我国改革开放以来教育基本理论新进展。办公室里热火朝天，但是电脑有限，众人只好一天分三班，轮流使用。我本有熬夜的习惯，就乐得趁大家都休息时整个晚上都窝在办公室里上机。白天，先生有事传唤，又找不着我了。

几次三番之后，先生找人把我叫到他办公室。先生让我坐下来，劝我不要熬夜。我诚恳认错，承诺改正恶习。

可是正常作息居然那么难，坚持不了几天，我又故态复萌，我行我素。老先生终于恼火了，召集所有的人开会整顿纪律，当着大家的面批评道："黄向阳同志，像你这样天天颠倒黑白，是要误事滴……"

我很惭愧，尴尬地挤出笑脸，连连点头称是。浩波兄见状，私下提醒我：先生批评你，你怎么还嬉皮笑脸呢？要作痛心疾首状呀！

可小弟就是做不到呀。

先生严格，不过如此。见我这么顽劣，苦口婆心地劝诫，顶多点名批评一下。要是他老人家严厉一点，我或许早就改掉了熬夜的恶习，不至于弄到现在时过零点，还坐在电脑前码字，缅怀先生当年温和的劝导。

戒 烟 记

让瞿先生头痛不已的还有我吸烟的恶习。

其实，先生自己就吸烟。听师兄们说，当年编纂《教育学文集》，工作紧张，先生的烟瘾还不小。师兄们为了让先生少吸一点，经常趁先生不在时偷吸他留在抽屉里的牡丹牌香烟。香烟消耗得太快，弄得老先生不得不改吸便宜一点的前门牌香烟，甚至吸飞马牌香烟。

可惜我没有偷吸先生香烟的机会。我读博士一年级那年深秋，气温骤降，先生罹患重感冒，老年慢性支气管炎复发。先生狂咳不止，被折磨得痛苦不堪。为了减缓病痛，先生断然戒烟。说戒就戒，一次成功。其意志力令人敬畏，哪像我一天戒好几回烟。

先生戒烟，可把我给害惨了。我习惯在办公室里熬夜。等大家都回去休息，夜深人静时，我就会在办公室里吸烟。先生一大早来到办公室，闻到烟味，就会把我找来查问，或者让文辉兄转告我不要在办公室吸烟。我当然不会不识好歹，明白先生是在为我的健康着想，希望我将来别像他老人家那样受老年慢性支气管炎的困扰。问题是，这烟实在太难戒了。

先生批评我，我口头上认错，保证今后不在室内吸烟，可到三更半夜烟瘾一犯，就心存侥幸，吸上一根。一旦开戒，那就不止吸一根了。一次又一次的戒烟失败，不但成了对吸烟行为的不规则的间歇性强化，也造成了严重的认知失调，乃至先生说我，我表面上嬉皮笑脸认错，心里却不服，在肚子里顶嘴：您吸了那么多年才戒，我向您学习，到您的年纪我也戒烟。我就这么屡教屡犯，改了又犯，犯了再改。先生反复劝我别在办公室吸烟，甚至让文辉兄在我办公桌前墙面贴上

"请勿吸烟" 的警示，除此之外，就拿我这个顽徒没了办法。

许多年以后我才意识到，在一个正在戒烟的老资格烟民身边吸烟是多么粗暴和残忍！我深夜给办公室留下满屋子烟味，先生一大早进来闻到烟味肯定会犯烟瘾，心里不定像猫抓一样难受。先生因为我吸烟又多遭了几分罪。我当时年轻不懂事，太不体谅先生了！要是跟着先生把烟给戒了，既成人之美，又成己之美，现在就不会叼着香烟回忆这段往事了。可惜当时没有这个修养和觉悟。

现在，我有点困惑。当年我屡屡在办公室吸烟，先生只是批评而已，劝我不要在办公室吸烟而已。先生强迫自己戒烟了，为什么不强迫我也把烟给戒了呢？

较 真 记

我从亲身经历中体察到瞿先生严格背后隐藏的温雅，所以，我敬佩先生，却不畏惧先生，反而喜欢和他聊天，尤爱听他讲述中外教育学界种种奇闻逸事。老先生阅历丰富，年纪大了，喜欢讲自己经历过的事，以及读过的书。一老一少就这么成了一对聊天的搭档。

有一回，聊到大哲学家康德为挣工分什么课都敢开，先生和我就康德究竟开设过几轮教育学讲座发生了分歧。我攻读硕士学位时，曾经在陈桂生先生指导下研读瞿菊农编译的《康德教育论》（商务印书馆1930年版）。鉴于该书译文晦涩难懂，陈先生嘱咐我找来康德教育学讲义的英文版，在瞿菊农译文的基础上进行重译。翻译完工之后，我写了一篇《康德教育学略考》作为译序，其中谈到康德在柯尼斯堡大学前后总共开设过四轮教育学讲座。没有想到先生博览群书，对这个细节也颇有了解。他指出我这篇文章对史实的叙述有误：柯尼斯堡大学的课表上虽然有康德四度开设教育学讲座的记录，但他实际上只开设过两轮。

先生虽有印象，却无实据，说服不了我。我把我收集到的立论证据全都提交给先生，其中就包括苏联学者写的康德传记，以及台湾师范大学杨深坑教授的论文。瞿先生一时也想不起他在哪本书里得知康德只开过两轮教育学讲座，另外两次只公布过开课计划却未真正实行，于是专门致函杨深坑教授，托他查实此事。杨教授复函，确认瞿先生判断有据。瞿先生因而在《西方教育学史略》一文中特地提醒，所谓康德四度开讲教育学乃是学界误会，谬种流传①。

我跟瞿先生这场学术"官司"终于有了结果。可我还是有疑惑：既然康德后两轮教育学讲座只有公告，并未实施，柯尼斯堡大学的历史档案怎么把这种令后人误会的事情记录下来呢？带着这个困惑，我一直留意相关信息。直到在网上找到一个名叫"课堂中的康德"（KANT IN THE CLASSROOM）的网站，我的疑惑才得以解开。这个网站提供了大量信息，证明康德确实开设过四轮教育学讲座。于是，我对《康德教育学略考》进行补充修订，并把译序改名为《康德与教育学》，评述康德教育学在教育学孕育过程中的作用和历史地位，同时回应瞿先生的质疑。

2008 年，为庆祝瞿先生 85 寿诞暨从教 60 周年，郑金洲博士牵头，主编出版了一部纪念文集《教育的意蕴》，将拙文《康德与教育学》收录其中②。很惭愧，当时我并没有意识到，在纪念先生从教 60 周年之际，撰文说先生某个判断有误，非但狂妄，而且极其无礼。问题是，郑博士作为主编并没有发觉我这篇文章有大不敬的嫌疑，瞿先生本人

---

① 瞿葆奎. 教育学的探究 [M]. 北京：人民教育出版社，2004：288-289.

② 黄向阳. 康德与教育学 [M] //郑金洲. 教育的意蕴. 福州：福建教育出版社，2008：47-57.

似乎也没有感觉受到了冒犯，又或许老先生就喜欢这个样子?!

这实在是一件奇怪的事!

吻　别

2012年7月30日，我在上海师范大学凑热闹，和一群同行座谈他们学校荣誉课程建设问题。梅老师准备利用一些教育电影进行教育理论的教学，我对此颇感兴趣，亦有些许心得，正要全盘托出，突然接到学生来电，说瞿先生不行了，让我赶紧去医院。

先生年近九旬，思维还非常清晰，一直看书、写作，坚持工作。只是因为体力越来越差，去办公室的次数才慢慢减少。2011年7月19日，他去华山医院休养体检，坚持不让晚辈搀扶，在出车门时不慎摔跤，导致盆骨粉碎性骨折，继而引发肺部大面积感染、肠胃出血等一系列症状。先生从此一直住在华山医院治疗，身体每况愈下。

我驱车赶往华山医院，心中很不是滋味。先生这一年身体时好时坏，医院近十次下发病危通知，先生每一次都挺过来了，但愿这次也能逢凶化吉! 记得端午节去医院探望时，先生的精神还不错。老人家硬要护工把人家送给他的米粽加热给我吃。他担心我客气，坚持要我在他跟前吃完。先生指着我碗里的粽子说: "你吃这个。" 又指着脚端的吊瓶说: "我吃那个。" 先生幽默的话语顿时把在场的人都逗乐了。当时，先生的肠胃出了严重的问题，不能吃东西，甚至不能进流食，只能靠静脉注射获取营养。到7月中旬，先生似乎耗尽了平生的积累。给他按摩时，发现他全身皮包骨头，干瘦得不成样子，令人揪心——真不知道先生还能撑多久。

赶到医院，果然大事不好。先生已在弥留之际，身边围了许多人。

除了他的亲人以及徒子徒孙外，还有校、院、系各级领导在场。我来不及细看，就被催促下楼，开车去接师母，好让她老人家见上先生一面。

师母孙谷兰是江苏宜兴名士孙有光之女。抗日战争期间，师母在父亲的支持下，随先生穿越大半个中国，来到重庆，就读复旦大学。两人一个学园艺，一个攻读教育学，后留校工作。1951 年华东师范大学建校，复旦大学教育系并入华东师范大学，师母也随先生来到华东师范大学工作，长期主管学校的园林科。数十年来，先生培养了许多学生学者，师母培植了无数的树木花草，让丽娃河两岸绿树成荫，繁花似锦，华东师范大学成了一所闻名遐迩的花园学校。我追随先生攻读博士学位时，师母已经退休在家，怪病缠身。据说她脑中一根血管有点阻塞，血流不畅，一种啸叫声在脑子里嗡嗡作响，没日没夜，没完没了，把师母折磨得痛苦不堪……

我到先生家时，师母由人陪着刚从第六人民医院看病抓药回来。把师母接到华山医院时，先生已经辞世。师母终究没能在先生临终时见着这最后一面。这么多年来，先生一直照顾师母，陪伴她与病痛做斗争，没有想到先生竟然先师母而去。

师母似乎有心理准备，来到先生身前还是忍不住老泪纵横。她已行动不便，但还是站了起来。她的儿子儿媳纷纷上前劝阻，不让她碰先生。师母坚持要摸摸自己的丈夫，众人拗不过她，把她的轮椅推得靠近了先生。师母泪眼婆娑，伸出双手把先生的右手捧了起来，她的儿子儿媳又上前劝阻，说不要让泪涕滴到先生的手上。师母只好双手握着先生的手，流着泪一遍又一遍地轻轻呼唤：葆奎啊，葆奎……

因为先生生前有交代，不开追悼会，也不举办告别仪式，先生的亲友及弟子们得到消息后纷纷赶来医院，见先生最后一面。病房里和走廊上挤满了人，陪着师母流泪。师母轻声地诉说："葆奎啊，我来晚了！都怪我，不该去看病，不该回家，早一点来，就好了……"师母反复地责怪自己，大家都不知道该怎么安慰她。我只好硬着头皮哄老人家："不怪您，是我没有把车子开快一些……"

过了好长时间，医生来了。医生说，该把先生的遗体移走了。师母猛地站了起来，扑向先生。她的大儿媳连忙阻拦。师母喃喃地说："葆奎对我很好的，我要亲亲他！葆奎对我很好的，我要亲亲他！"

大儿媳："不行的，爸爸脸上不可以有眼泪！"

师母不停地揩拭双眼："我不哭，让我亲亲葆奎！我不哭了，让我亲亲葆奎！"

师母止住了眼泪，可我们的双眼却像决堤的海。我实在忍不住了，恳求说："没关系，没有关系的，就让师母亲亲先生吧！"

终于，师母在儿媳的搀扶下，小心翼翼地弯下身子，在先生的左脸颊上轻轻一吻，又在先生的右脸颊上轻轻一吻。

吻得那么优雅！

吻得那么深情！

身　　教

先生去世六年，言传犹存，身教却随着时间推移才日益显现。

先生似乎从来没有对我们做过什么直接的道德教导。他只不过是组织"学术星期六"和其他学术活动，指导我们专业学习、撰写学术论文，或者与我们聊天神侃，让我们从中体会到做人、做学问的规范、标准。先生似乎是在不经意之间让我们学会了像鸟儿爱惜自己的羽毛那样珍惜自己的人格和学术声誉，养成促进学术自由的宽容和分享精神以及促进学术发展的严谨和求实作风，并且逐渐懂得应该去追求什么样的学术品位①。

2003 年先生 80 大寿。他在回顾自己的职业生涯时，坦言自己既无自由之思想，也无独立之人格，一辈子不过是读读书、教教书、编编书而已。很长时间我觉得是谦辞，颇不以为然，不大赞同将这些自我评价写入他去世后的生平简介中②。如今细究先生读过什么书，教过什么书（培养过什么人），又编过什么书，方觉先生这么评价自己时应是相当自豪的。

扪心自问，成为像瞿葆奎那样的读书先生、教书先生、编书先生，何其之难？

试看业界，又有几个是像他那样的"三书先生"？

至于"既无自由之思想，也无独立之人格"，岂止是一位老先生的自我批评？

（黄向阳，华东师范大学教育学系教授）

---

① 熊川武，郑金洲，周浩波．教育研究的新视域［M］．沈阳：辽海出版社，2003：419.

② 郑金洲．教育学：研究与记念：瞿葆奎先生诞辰九十周年记念文集［M］．福州：福建教育出版社，2013：371-372.

严谨治学　厚积薄发

——怀念敬爱的导师符娟明先生[1]

先生小传

符娟明（1924—1998），出生于湖南衡山，1941年考入燕京大学西语系，先后辗转在北京和成都的燕京大学学习，后转学到华西大学，先后学习英语、教育学、教育史专业，获得双学士学位。1946年毕业后，先是在广州培道女中任教，1952年调到北京师范大学教育系任教，从事外国教育史的研究和教学工作，是比较高等教育研究的主要奠基者之一。1987年符先生主编的《比较高等教育》由北京师范大学出版社出版，这是我国第一部有关高等教育比较研究的专著。

① 感谢曲恒昌、张玉婷、刘宝存、王永红提供了部分素材。

先生箴言

　　大学之所以存在，不仅在于它能给学生以知识，也不仅在于它能为教师提供研究机会，而是因为它维护了社会生活和知识之间的联系，正是这种联系使教师与学生统一于学习的想象之中，从而使教师能够富有想象地教，学生能够富有想象地学。教师和学生之间共同的启发和交流，对培养富有想象力和创造性的高级专门人材发挥了积极作用。

转瞬间我敬爱的导师符娟明先生已经辞世十余年了。由于符先生逝世时我在国外出差，未能参加符先生的告别仪式，心中始终怀着几分愧疚。前日师弟刘宝存教授嘱托我为我们共同的导师写几段话。握笔忆往事，激起了我对导师深深的怀念。

比较高等教育研究的主要奠基者

我是 1982 年夏季从北京师范大学教育系毕业考入北京师范大学外国教育研究所的。当时吴忠魁和王璐被指派为顾明远教授的研究生，我被指派为符娟明先生的唯一弟子，在符先生门下规规矩矩学习了三年，毕业后也一直得到符先生的指导和帮助。

符先生 1924 年出生于湖南衡山，1941 年考入燕京大学西语系，时值日寇侵华国难时期，她先后辗转在北京和成都的燕京大学学习，后转学到华西大学，先后学习英语、教育学、教育史专业，获得双学士学位。她 1946 年从华西大学毕业后开始了自己的教育生涯。她先是在广州培道女中任教，1952 年调到北京师范大学教育系任教，从事外国教育史的研究和教学工作。1961 年北京师范大学教育系成立外国教育研究室，符先生任副主任，从此便与比较教育研究结下了不解之缘。在我们入学时，她是北京师范大学外国教育研究所高等教育研究室主任、教授。

符先生长期从事比较教育研究，是比较高等教育研究的主要奠基者之一。1984年符先生申报的"比较高等教育"获批"六五"教育科学规划社会科学基金项目并立项。1987年符先生主编的《比较高等教育》由北京师范大学出版社出版，这是我国第一部有关比较高等教育研究的专著。该著作被全国同行视为该领域的奠基性著作，被用作该领域教学的基本教材，并多次获得国家级和省部级奖励。例如，该著作1988年获中国高教学会高教科研优秀成果一等奖，1991年获北京市第二届哲学社会科学优秀成果二等奖，1995年获全国高校人文社会科学研究优秀成果二等奖。

作为比较教育研究者，符先生不仅从事外国教育的研究，而且积极利用各种机会向世界宣传我国教育改革发展的成就，向世界介绍中国。1978年，符先生作为教育部长会议中国代表团成员赴斯里兰卡参加联合国教科文组织会议，向大会做了题为"解放后中国高等教育的发展"的报告。1981年，符先生作为中国教育代表团成员赴日内瓦参加联合国教科文组织第38届国际教育大会，向大会做了题为"两年来中国的教育政策及其发展趋势"的报告。

对工作孜孜以求，精益求精

不论是对待研究生培养还是学术研究，符先生都是认真负责，精益求精。"文化大革命"后国家百废待兴，急需人才，我国高校1979年招收了"文化大革命"后第一批研究生，但生源质量良莠不齐，专业基础薄弱，遭到学界一些老专家的严厉批评。记得北京大学著名英语教授李赋宁教授的一篇文章《我的研究生没有一个合格的》引起社会强烈反响。教育部专门发文，强调研究生招生要确保质量、宁缺毋滥。1982 年，研究生数量还比较少，研究生导师能开出的课程也很少，符先生先是给研究生开设了外国教育名著选读、美国高等教育两门课程，后来又开设了比较高等教育等课程。记得符先生在给我们开设美国高等教育课程时，尽管学生只有我们外国教育研究所的三个人，但符先生每次上课都竭尽全力，精心准备，旁征博引。符先生身体较虚弱，讲话中气不足，每次讲完课大汗淋漓，声如细丝，但仍会问"你们有什么问题没有？"，鼓励学生大胆质疑。由于工作需要，符先生时常有会见外宾的任务。符先生把每次会见外宾作为培养研究生的一个组成部分，让我们认真做好会谈纪要，也可以参与提问与讨论。她常说："要尊重权威，但也不要迷信权威，要尊重真理。"

在北京师范大学外国教育研究所（现名国际与比较教育研究院）的老师们当中，至今仍然传诵着符先生一件"平凡的小事"。符先生身患糖尿病和肝炎这两种难以治愈的疾病，再加上高血压，身体状况十分不佳，但是她乐观对待，工作起来好似没事人一样。1986 年 6 月份的一天上午，所里老师们集中在老主楼教育经济研究室开会（那个房间比较大），10 点多钟时，突然发现符先生满头大汗，脸色大变，非常痛苦地伏在桌前。大家一看不好，马上打电话给校医院，简单说明情况，请对方速速派人前来诊治。可能是符先生在医院早已有点"名气"了，所以医院很快就派来了一名医生和一名护士。一检查，血压很高。医生马上给她打了降压针，但一会儿却出现了休克状态。医院很快用车将符先生接到医院，经检查，是打降压针过快所致，大家这才松了一口气。经过一夜的休息，第二天一大早符先生又来办公室上班了（当时实行坐班制）。大家劝她回家多休息休息，她笑笑说：没什么事了，咱们继续工作吧！

谦虚待人，严谨治学

符先生的一个显著特点是谦虚待人，严谨治学。当时外国教育研究所办公用房比较紧张，教授们没有专用的办公室，每一次拜会导师都在符先生家中。第一次晤面，符先生就叮嘱我："你不要拘束，这里就是你的家，你随时可以找我来问教探讨。"此后，没有固定时间，也没有电话预约，我经常在下午三四点去叩符先生的家门。符先生一见学生来访，马上丢下手中忙碌的一切，与学生促膝长谈。当时符先生跟我商定的硕士论文题目是"美国研究生科研能力的培养"，由于资料相对较少，除了本校图书馆外，符先生还要求我定时到首都图书馆和北京图书馆查阅资料。20 世纪 80 年代初，大家还极少用台式计算机，符先生要求我精心记好笔记，要点要用小卡片摘录，尤其要写明出处，以备日后引用时不出差错。符先生每次见到我都会问我，最近读了什么书，查阅到哪些新资料，有哪些心得体会。记得有一次我在北京图书馆查阅 1946 年的《科学》（Science）期刊时，看到当时任美国科学研究与发展署主任的万尼瓦尔·布什（Vannevar Bush）发表的《科学——无止境的前沿》（Science：Endless Frontier）这一报告，回来后我向符先生汇报，符先生高兴得眉飞色舞，连声说："太好了，太好了，多年来我一直在找这份报告。今天你终于找到了。下次再去北图一定要帮我复印一份。"她跟我解释说，这份报告是研究美国基础研究重要性与培养美国青年人科学精神的经典之作，一定要认真学习。后来这份报告就成为她讲授的外国教育名著选读课程的必读书目之一，在撰写论文时这份报告也让我受益良多。这样的事例不胜枚举。符先生谦逊、严谨的治学态度，厚积薄发的学术修养使我终身受益。

比较教育就是要中西贯通

符先生做学术、带研究生毫无任何门户之见，鼓励学生广纳百家贤言。每当学生有什么问题，先生不能完全解释清楚时，就说这个问题你可请教某某教授。经符先生亲自介绍，在北师大校内，我登门拜访的有陈有松、陈元晖、陈景磐、邱椿、毛礼锐、张厚粲等教授；校外的有滕大春、刘文修、王承绪、汪永铨等教授；教育部的有吴本厦、王忠烈、黄世琪等专家学者。由于我研究的课题是美国研究生教育，符先生一再强调研究不能仅局限于文献研究，要走访从美国留学归国的专家学者，听他们的亲身感受。我父母是新中国成立前赴美留学、新中国成立后响应党和政府号召归国的学生，经母亲及其朋友介绍，我拜访了一些赴美留学归国的老前辈，聆听他们的教诲。我对研究生阶段两次游学经历印象特别深刻。一次是经周南照先生的引荐，我利用读研究生期间可以游学一次的机会，去了上海、长沙、武汉等地，走访了多位"文化大革命"后从美国学成归国的学者，包括赵南明、周济等。这些学者是改革开放后中国留学大潮的引领者，对中美研究生培养的异同有深刻的体验。另一次是顾明远教授带领我们三位弟子，走访了苏州、上海、杭州等地，拜访了华东师范大学刘佛年、马骥雄教授，浙江大学王承绪等教授，参观了苏州中学、杭州学军中学等名校，结识了一批多年来一直保持学术联系的学友。我每一次走访、访学回来都要向符先生汇报心得体会。记得一次符先生若有所思地说："比较教育就是要出门，出国；回家，回国；中西交流，中西贯通。"

对学生精心呵护，施以大爱

符先生是一位慈祥可敬的老师，非常关心和爱护学生。不管是在读书期间还是在毕业之后，每次见到符先生，她都会问我们学习和工作怎么样，身体怎么样，并且问家人怎么样。

到后来，符先生退休了，外国教育研究所的研究生经常去家中看望符老师和她的先生褚大夫。符先生虽然行动不便，但热情豪爽，很喜欢这些年轻后辈到访，很热情地招呼大家快坐下。她很快就记住了每个人的名字，询问大家的学习和生活情况，字字句句充满了一位慈祥的长辈对晚辈的关心、爱护和期望。符先生经常找各种由头请学生们到她家去，名义上是帮助她写信或读来信等事宜，其实主要就是帮学生改善伙食，每次有学生来她都让保姆准备很多好吃的招待学生。很多师弟师妹回忆说，在他们去看符先生时，不是他们照顾符先生，更多地是符先生照顾他们，每次到符先生家里不仅会大饱口福，而且会得到符先生的学术教诲，得到她在论文写作上的指导，受益匪浅。

符先生一生朴实无华，对名利无欲无求，严于律己，宽以待人，对学生充满大爱，对事业充满大爱，对祖国充满大爱，是践行北京师范大学校训"学为人师，行为世范"的楷模。

（周满生，国家教育发展研究中心原副主任、研究员）

巍巍吾师　高山仰止
——追忆我们的导师王汉澜先生

先生小传

王汉澜（1924—2002），河南项城人，5岁入蒙学，16岁考入河南大学。1947年大学毕业后，先后在中州中学、河南省人民政府教育厅工作，1950年9月回到河南大学教育系任教，至去世。1953年加入中国民主同盟，1985年加入中国共产党，曾任河南大学教育系主任、中国教育学会理事、全国教育学研究会和全国教育统计与测量研究会常务理事、河南省教育学研究会理事长、开封市人大常委会副主任和政协副主席、民盟开封市委员会与民盟河南大学主任委员等职。

王汉澜先生长期从事教育学学科的教学与研究工作，桃李满天下。他强调体用并举，在教育基本理论和教育科学研究方法方面造诣颇深。突出的学术贡献首先是与王道俊先生共同主编了改革开放以后高等学校文科教材《教育学（新编本）》，在全国产生了极大影响。同时，先后出版了《教育统计学》《教育测量学》《教育实验学》《教育评价学》等著作，这一系列著作在全国教育界产生了广泛影响。

自 1980 年创建河南省教育学研究会至 2002 年去世，20 多年间，王汉澜先生为河南省教育事业的改革与发展，尤其是教育学学科的恢复转型与发展壮大，做出了不可磨灭的历史贡献。

先生箴言

社会主义教育不能商品化。针对教育领域中"教育是不是商品""教师劳动力是不是商品""学生是不是商品""教育能否商品化""社会主义教育与社会主义商品生产到底是怎样的关系"等问题，我们认为，我们的教育是社会主义性质的教育。社会主义教育不是商品生产，劳务市场不是商品市场，引进竞争机制绝非商品化；社会主义教育的目的决定了教育不能商品化，教育本身的特点和规律决定了教育不能商品化，教师劳动的特点决定了教育不能商品化；教育商品化必然给教育带来危害，解决教育经费的困难靠治本，不能靠商品化。

我们的导师王汉澜先生于 2002 年辞世，距今已有 17 个年头。忆起与先生在一起的日子，点点滴滴仍历历在目，先生的高尚人格经过时光淬砺变得更加清晰明亮。

先生是一位儒者：温文尔雅，知通统类

先生出生在一个书香世家，祖父曾任项城高等小学校长，父亲曾是项城县立第二小学首任校长，先生家教十分严格。先生 5 岁即入蒙学，师从名儒阎坤瑞，6 岁进入县立小学读书，初中毕业后进入省立高中读书，16 岁考入河南大学，这些经历不仅使先生养成了温良恭俭让的儒者品质，更造就了他的大儒气魄。先生的书房里悬挂着他亲笔书写的荀子名句"志安公，行安修，知通统类，隐而显，微而明，辞让而胜"以及王夫之的致知二途名句"学则不恃己之聪明，而一唯先觉之是效；思则不循古人之陈迹，而任吾警悟之灵"。

深厚的儒学功底滋养了先生的儒雅气质，先生的言谈举止和眉宇间总是透着睿智与灵气。先生曾对我们说有人形容他"朴素得像个农民"，但我们在他身上却从未找到这种感觉。在我们眼里，先生尽管穿着朴素，但却总显得超凡脱俗、气宇轩昂，真乃"腹有诗书气自华"。

先生不仅自己向往并努力实践儒者精神，也希望我们能够学习并传承传统文化。读研期间我们学习的第一门专业课就是先生主讲的中外教育名著研究。对于中国名著主要是精读四书，先生以他深厚的经史功底给我们的为人为学厘定了一个文化框架。同时，先生总是建议我们多记诵《古文观止》中的名篇名句，他自己也能把《阿房宫赋》《前赤壁赋》《醉翁亭记》等轻松准确地背诵下来。他说，《古文观止》中的好词好句数不胜数，经典只有通过背诵才能深入脑海，写作时才能文思泉涌。

先生酷爱书法，精通诗词歌赋，留下了多幅墨宝和多篇诗词作品。

先生的字，功力深厚，技法精湛，气韵通畅，浑然天成。

先生的诗词，不管是庆赞类、勉进类，还是怀念类、记述类，都是情真意切，直抒胸臆。《晚年自吟三首》是先生生前的最后词作，也是他对自己一生的回顾与吟唱，字里行间透射着先生的风骨与境界，转抄于此，以共沐先生的儒者之风。

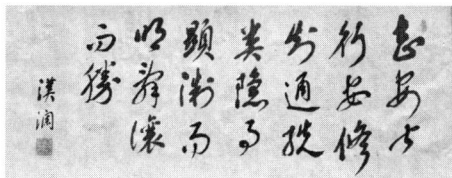

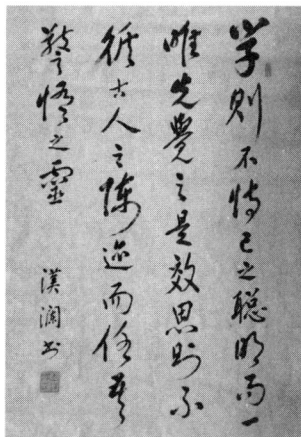

王汉澜先生的书法作品

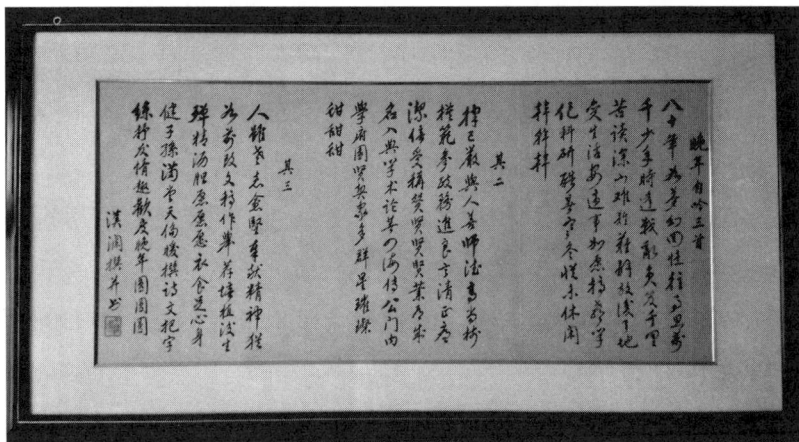

王汉澜先生的词作

晚年自吟三首

王汉澜

一

八十年，如梦幻，回忆往事思万千。少年时，逢战乱，负笈千里，苦读深山。难，难，难！解放后，天地变，生活安逸事如愿。搞教学，作科研，酷暑寒冬，从未休闲。干，干，干！

二

律己严，与人善，师德高尚树模范。参政务，进良言，清正廉洁，备受称赞。贤，贤，贤！业有成，名入典，学术论著四海传。公门内，学府园，贤契众多，群星璀璨。甜，甜，甜！

三

人虽老，志愈坚，奉献精神犹如前。改文稿，作举荐，培植后生，殚精沥胆。愿，愿，愿！衣食足，心身健，子孙满堂天伦暖。撰诗文，把字练，抒发情趣，欢度晚年。圆，圆，圆！

注：此诗获"方园杯"古诗词创作奖，见《大河报》（2001 年 5 月 14 日）。

先生是一名学者：潜心学术，体用并举

作为一名学者，先生有着坚定的学术信念、深耕的学术领域、突出的学术成就和广泛的学术影响。

体用并举是先生一贯的学术主张，他认为进行"学术"研究既应具有深厚的理论修养，又要掌握科学的研究方法和技术，既要有学，又要有术，要理器兼备。在这种学术信念驱动下，先生既致力于教育理论研究，又执着于教育科学研究方法的探索，并且都取得了骄人的学术成就。

在教育理论方面，受教育部委托，王汉澜先生和王道俊先生在华中师范大学等五所院校合编的《教育学》教材基础上，共同主编了高等学校文科教材《教育学（新编本）》。这本教材由人民教育出版社出版后，在全国产生了极大影响，得到了教育学界的一致称誉，不少年轻的教育学人都是读着这本书进入了教育学领域。同时，先生对教育本质、教育规律、教育功能、教育价值，以及教育学的发生发展等基本理论问题，均有独到的见解，先生的《教育对人的发展究竟起什么作用》《社会主义教育不能商品化》《教育是促使个体社会化完善化的活动过程》等文，曾是改革开放初期教育本质问题讨论的强音。

在教育科学研究方法方面，先生更是付出了常人难以想象的艰辛

努力。1980年，河南大学教育学专业恢复本科招生以后，先生在国外教育资料中看到，我们国家停开30多年的教育统计学等课程在国外教育科学体系中备受重视，基于体用并举的执着信念，他想给本科生开设教育统计学。可是，先生上大学时学的主要是描述统计，而要给学生讲的主要是推断统计，高等数学知识是难以逾越的障碍。于是，已经50多岁的先生，又坐在了数学系的教室里，从头学习高等数学，不耻下问，不仅向老师请教，而且向年轻的本科生请教数学公式的推理、演算以及数学模型的构建。最后，凭着这份学者的执着，先生不仅出色地完成了授课任务，也于1985年正式出版了《教育统计学》。而后，先生又凭着体用并举的信念，为本科生和研究生开设了多门研究方法类课程，并先后出版了《教育测量学》《教育实验学》《教育评价学》等著作。这一系列著作在国内产生了广泛影响，并获得了国家级教学成果二等奖、河南省社会科学优秀成果一等奖、河南省优秀教材特等奖、中南地区大学出版优秀教材一等奖等。景时春先生曾公开撰文，评价先生主编的《教育实验学》是一部体系完整、结构严谨、阐述精湛的著作，并从六个方面总结了该书对于科学推进教育实验工作的贡献。

另外，凭着对学术的执着，先生除了自己潜心于学术研究外，也为学术团体的建设付出了大量心血。1979年全国教育学研究会成立后，为了推动河南省的教育科学研究，1980年先生率众创建了河南省教育学研究会，至2002年先生去世，他历任六届理事长，举办了18届学术年会。在先生的学术引领和人格魅力感召下，研究会实现了凝聚学术力量、促进学术研究、搭建学术平台、引领学术方向、关注学术前沿、服务区域发展等职能。并且，在后任理事长王北生教授的带领下，研究会继续开拓创新，成为河南省教育学会的旗舰分会，连续多年参会规模保持在 200 人以上，被誉为规模大、质量高、影响广泛的模范学会，也成为河南省教育学人的精神家园。

先生是一位师者：精心执教，挚诚育人

先生从事教育学、教育统计学、教育原理、教育科学研究方法等课程的教学工作 50 余年，教学成绩突出，深受学生爱戴，曾多次被授予国家、省、市、校优秀教师称号。记得先生在一次经验交流会上深有体会地说："我教教育学已 30 年了，深感要教好教育学，使学生对教育学发生兴趣，愿意深入钻研，并非一件易事。为此，在讲授内容上要从'深、广、新、实'这几个方面下功夫，理论性要深一些，知识面要广一些，内容要新一些，还要多联系教育现状和中小学实际；在讲授方法上要注意可理解性和逻辑性，要让学生感到'教育学有学头'。"先生是这样说的，也是这样做的。先生每讲一遍教育学，就写一遍讲稿，补充一些新东西，一个学期的讲稿就有 50 多万字。并且，先生上课前至少要熟悉三遍讲稿：第一遍熟悉内容，第二遍再次考虑纲目、要点和补充材料，第三遍考虑教学方法。通过悉心准备，先生对讲授内容总是能够剥烂揉碎、融会贯通。

作为一名教育学教师，先生为我们树立了教研结合的典范。先生公开发表的《谈话教学的两种形式及其实施方法》《怎样评定学生的学业成绩》《学校中劳动教育的方式方法及应注意的问题》《讲授"美育"一章的意见》《如何认识和对待教学大纲》《学生操行的考查与评定》《在教学中如何启发学生积极的思维》《实习生进行学生心理鉴定工作的步骤和方法的初步研究》等文章，具有极强的体验性、可读性与可操作性，充分展示了"教育学的学科魅力要通过教育学人来表达，来传达"

的道理。

作为一名研究生导师，先生对于弟子，可谓是"燥湿寒温荣与悴，都在心头眼底，费尽了千方百计"。一方面，先生给我们提出了严格要求："不读书、不博览群书，专业学习和研究都是无本之木、无源之水""读书要有讲究，要会读书、读好书""做研究生就得搞研究，搞研究就得有创新，而做好研究和创新，只有在不断研究、写作和开展研究性学习的过程中锤炼和提高"，这些教诲，我们至今还耳熟能详。另一方面，先生非常重视开阔我们的学术视野，不仅专门请外校的知名教授（如西北师范大学李秉德教授、北京师范大学黄济教授、华中师范大学王道俊教授、中央教育科学研究所滕纯研究员等）给我们授课，而且给我们参加全国性学术会议和以游学的方式访问名师提供了多种制度化的便利，给我们的学习和科研打下了坚实基础，也形成了河南大学教育学专业研究生培养的风格和亮点。

先生是一位仁者：宽人律己，厚德博爱

仁者爱人，先生之仁是敬爱、厚爱、博爱、大爱。

先生是一位尊师的楷模，每每讲起求学时代，对他的老师的敬意总是溢于言表。通过先生的口述，一批人格高尚的前辈形象印刻在了我们心中。杨振华是先生的心理学老师，平易近人，能谈善舞，思想进步，"五四"时期常发表新诗；陈仲凡是先生的逻辑学、教育哲学老师，伸张正义，热爱学生，多次营救被反动派迫害的学生，虽受逮捕和解聘的磨难，仍坦荡直爽，崇尚真理；陈梓北是先生的教育测量与统计学启蒙老师，河南大学校歌的曲作者，一生勤俭，却厚德载物，解困济贫。这些前辈的人格形象对我们不仅是一种激励，也让我们悟

到了先生仁爱精神在书典之外的源泉。

或许是基于一种传承，先生之仁最突出的表现是对弟子的厚爱。最近，在刘志军、杨银付等先生弟子的组织下，我们正在撰写《王汉澜传》，刘济良、汪基德等几十位同学都分享了一些自己与先生之间的故事。从这些故事中，我们不仅能真切地重温先生给予我们的严慈相济的师爱，而且能深刻地体会到先生对于弟子的爱是毫无偏见的阳光之爱，这种爱着实温暖了每位弟子的心灵。这是高尚的为师之道，也是睿智的为人之道。先生的五个儿子在追忆父亲的文章《敬仰的丰碑，心中的歌》中也曾写道："父亲治家严谨，我们兄弟多，但他自始至终坚持统一标准、统一规则，一碗水端平。"先生的小儿子裕临与我们年龄相近，更是不止一次地感叹道："执行规则在老爸那里不存在区别对待。"

另外，先生之爱，不止于弟子，他总是以培养接班人的责任感关爱所有年轻人。先生非常关心青年教师的成长，不仅把自己教的一些课程让给年轻老师，甚至连讲义都给了他们。读书期间，我们曾多次帮先生邮寄信件，大多是给全国各地年轻学子求学问教的回信。先生曾说："凡是有来信，我总是挤出时间，及时认真作答，从未推辞。"师弟熊光慈也说：正是连续收到先生热情洋溢的回信，才鼓舞他这个县高中的物理教师成为一名教育学研究生。

先生的座右铭是董仲舒的"正其谊不谋其利，明其道不计其功"，可见，先生奉行的仁爱是无私的大爱。先生曾任河南大学教育系主任、河南省人大代表、开封市人大常委会副主任及政协副主席，先生的弟子里司局级干部成群，但先生从不以权势谋私利。程凯老师回忆说："王先生有五个儿子，其中四个儿子的处境都不是很理想，王先生利用他的威望和职务之便，让一两个儿子进学校工作是说得过去的，但他从来没有这样做，也没有给我们提出过这类要求，现在看来，先生的人格真是高尚。"正是有感于此，程凯老师在《缅怀汉澜先生》中写道："明伦就读复奉公，慈祥睿智近人情，胸昭日月感校史，留得功名千载青。"

先生是一位达者：乐观旷达，自强不息

所谓达者，是说先生心胸宽广，拿得起，放得下，永远乐观、旷达。先生一生经历了新中国成立前的战火纷飞、颠沛流离，也经历了"文化大革命"中被打入牛棚的摧残，但他始终能怀抱一颗感恩之心，爱岗敬业，与人为善，积极乐观，自强不息。我们在整理先生的照片时，无不为先生的舒朗眉宇和非凡气度所折服。

我们跟先生在一起的日子里，常常被先生积极的生命情态所感染。先生常说干工作要有高度的革命责任感，要有完成任务的紧迫感，要有艰苦奋斗的牺牲精神，要有有条不紊的计划。正是基于振兴教育的责任感，先生倡议并促成了河南大学教育学学科在"文化大革命"以后的恢复与重建，同时创建了河南省教育学研究会，极大地推动了河南省教育科学事业的发展；正是基于紧迫感，先生总是以"学如不及，犹恐失之"与同学们共勉；正是基于革命加拼命的牺牲精神，先生长期坚持伏案工作，日夜不懈，不知病痛加身，不知老之将至；正是基于计划性，先生的工作永远是井井有条，先生自己撰写的学术论文、经验报告、讲话发言、序言题词、评审鉴定、诗词歌赋等文稿都整理得妥妥帖帖，先生整洁有序的书房常常充作我们读研时的教室，也是同学们心中永远惦记的学术殿堂。

如今，先生已经离我们而去，但翻开《王汉澜文集》，从先生创作的《赞党的十一届三中全会》《建国五十周年颂》《欢庆香港回归》《欢庆澳门回归》《庆祝中共建党八十周年》《优良盟风要承传：庆祝

民盟成立六十周年》《庆祝开封解放五十周年》等作品中，我们仍能深深地感受到先生拥抱时代发展的积极心态。细细品读先生的《自述》《自慰》《晚年自吟三首》，我们又会情不自禁地对先生的豁达、通透、风骨、风范肃然起敬。巍巍吾师，高山仰止，虽不能至，心向往之，恩师精神，吾辈永继！

（郭戈，人民教育出版社总编辑，研究员；

李桂荣，河南大学教育科学学院教授）

一辈子　一本书

——忆王道俊先生[1]

先生小传[2]

　　王道俊（1926—2017），湖北大悟人。1949
年考入中原大学学习，1951年被送到中国人民
大学学习，后转入北京师范大学教育学研究生
班。1953年开始在华中高等师范学校教育系任
教，1992年离休。曾任华中师范大学教育系主
任、中国教育学会教育学研究会常务理事、中
国教育学会教育学研究会教育基本理论专业委
员会主任委员、湖北省教育学会副会长、湖北
省教育学会学术委员会主任委员等职。1980年
出版《教育学》教材，80年代中期开始将研究
重点转向"主体教育论"，2006年与郭文安先
生共同主编的《主体教育论》出版。

---

①　原文刊发于2018年7月2日《光明日报》，收入本书时略有修改。
②　先生小传由华中师范大学教育学院涂艳国教授撰写。

先生箴言

"主体教育论"的逻辑起点是现实的人的现实生活，包括现实的个人生活、社会生活、人类生活。在"主体教育论"看来，教育的根本问题是人的问题，教育的主旨在于从现实生活出发，引导人的发展，启发人的生活觉醒，面对生活，审视生活，选择生活，创新生活，成为社会历史活动的主体。人是社会的人，社会是人的社会。社会发展与人的发展是相互作用的。社会发展是人的发展的客观条件，人的发展是社会发展的主体的能动的力量，而教育则是社会发展和人的发展互通的中介、纽带，它通过引导和规范人的发展延续和促进社会的发展。"主体教育论"承认教育的社会依存性，但同时又强调教育的能动性；承认教育为社会服务，但同时又强调教育的人本价值。社会有其客观存在、客观规律，但又是以人为本的，既是人生存的条件，又是人生活的家园。社会进步本身就要以是否有利于生产力的发展和是否有利于人的生存与发展为尺度。教育为社会的发展服务，归根到底也是为人的生存和发展服务。因此，"主体教育论"把教育的特点及其价值定位于对人的发展的意义，是对教育价值的回归。

学术之书　惠及亿万师生

2017 年 6 月 22 日，91 岁的王道俊先生与世长辞。我国教材行业的权威出版单位——人民教育出版社，第一时间表达了哀悼之情。先生领衔主编的《教育学》教材正是由人民教育出版社出版的，可以说，他是当之无愧的人民教育出版社的功勋作者。

关于《教育学》教材，人民教育出版社这样介绍："'文革'之后，王道俊先生率先组织五所师范院校的教育学教师编写新的《教育学》教材，列入教育部文科教材编选计划重点项目，由人民教育出版社于 1980 年出版。此书迄今已刊印 7 版，其中 1988 年版、2009 年版和 2016 年版经过了重大改写或重写，不仅有选择地充实了国内外新的研究成果，而且渗入了编者自身在教育理论上新的探索和见解，使教材一步步朝着具有中国特色的方向前进。这本由王道俊先生领衔主编的《教育学》教材影响极广，迄今已经发行 700 多万册，创造了新中国教育学教材史上的一大奇迹，成为我国改革开放 40 年来经典性的公共课教育学教材，印数最多、发行最广、质量最优、影响最大。不同版本的《教育学》教材多次获得国家级图书奖、教材奖和科研成果奖，极大满足了我国师范院校教育学的教学需要，促进了我国教育科学的普及和发展。""作为该书的出版单位，人民教育出版社为这样的成绩感到自豪,为能与道俊先生这样的学术大家如此完美的合作而深感荣幸!"

透过这段描述,我们不难看出,王道俊先生及其主编的《教育学》在新中国教育学教材史以及我国教师教育发展史上的分量与贡献。

《教育学》的确不是一本普通的教材,700多万册的发行量,不仅意味着直接受益者远超这个数字,也意味着间接受益者可用亿万计,因为几十年下来,大部分读者后来从事了教育事业,这使得《教育学》的先进思想、理念、方法,通过他们的教育教学实践,对亿万中小学生产生了积极影响。

所以,说《教育学》是一本惠及亿万师生的书,并不夸张。

王道俊先生与《教育学》的缘分要追溯到新中国成立之初。1950年春,他从中原大学毕业后留校任教,次年8月被派往中国人民大学读研究生,学习政治经济学、马列主义、哲学、中国教育史、俄语等课程。1952年全国高等学校院系调整后,他被分到北京师范大学教育系研究生班,开始攻读教育史专业,毕业论文便是参与编写教材,答辩方式则是向同学讲解教材和组织本科生讨论,这或许为其后来从事教材编写工作埋下了伏笔。

1953年,王道俊先生毕业后回到华中高等师范学校,开始为教育系本科生讲授教育学专业课程,由此便与《教育学》教材结下了不解之缘。

20世纪60年代初,王道俊先生承担了全国文科"规划"教材《教育学》中"教育的本质"与"我国教育的性质"两章的编写任务,这是《教育学》教材中具有奠基石与压舱石意义的重要章节。此书后来由湖北人民出版社出版,在湖北省试用。

"文化大革命"结束后不久,王道俊先生率先组织华中师范学院等五所院校的教育学教师编写新的《教育学》教材，该版教材随后被列入教育部文科教材编写计划重点项目，由人民教育出版社于 1980 年出版。这便是后来成为经典、创造奇迹的《教育学》教材的历史来由。

对于这本书，教育学领域的许多学者都给予了高度好评。2010 年 10 月，在纪念人民教育出版社版《教育学》首版发行 30 周年的会议上，有研究者认为：王道俊先生领衔主编的《教育学》是我国教育学发展的一座丰碑，是教育学本土化的典范，是新中国成立以来特别是改革开放以来的经典教育学教材，为我国教育学的普及和发展、为教师教育的改革和创新做出了重大贡献。这本书以其对教育规律的准确把握，以及独到的教育理论视野，体现出了关于教育的根本性见解与理想性追求，从而确立了我国教育学三十年来的基本解释体系，并建构了国民教育观。这本书具有四大特点与贡献：一是学术影响前所未有，二是观念变革贯穿始终，三是教材内容与时俱进，四是解释范式卓尔不群。①

《教育学》教材能够获得如此赞誉并非偶然，主要是因为它有先进的"主体教育思想"作理论支撑。我们评价王道俊先生："一辈子，一本书。"这句话最精准的表达应该是，他的学术成果凝聚于这本书，但他的学术贡献却远不至于此。

自 20 世纪 80 年代起，王道俊先生一方面致力于对《教育学》教材的修改与完善，另一方面注重运用马克思主义的立场、观点和方法，分析传统教育理论及其在教育实践中普遍造成的忽视学生和教育的主体性的弊病。他与郭文安先生一道，率先提出并形成了新的理念——

---

① 罗祖兵，田友谊，赵苗苗 . 教育学教材建设的反思与展望：纪念人教版《教育学》（王道俊领衔主编）首版发行 30 周年暨教育学教材建设研讨会综述［J］. 教育研究与实验，2010（6）：91-94.

主体教育思想，这一思想不仅对中国教育学理论的构建产生了重要影响，而且对教育科学、高校课程教材建设做出了卓越贡献。

1989 年版《教育学（新编本）》就是尝试以主体教育思想为指导进行编写的，而 2009 年第 6 版、2016 年第 7 版《教育学》更是将王道俊先生长期研究主体教育思想所获得的系列成果渗入并贯穿于教材之中。这两版《教育学》深刻分析与厘清了社会、教育与人三者的复杂互动关系，在理论基础上实现了由机械决定论和工具论向唯物史观与辩证法的根本性转变，充分凸显了"以人为本"的教育观。

这本《教育学》教材之所以能够独树一帜，长盛不衰，成为经典，正是因为其内容与时俱进，其观念保持先进，特别是有主体教育思想作为教材编写的指导思想和理论基础。

王道俊先生这样说道："在时代剧变、社会转型的时期，只有立足新的生活基点，援引哲学研究新成果，越出传统教育观念与思维方式的束缚，把握新的教育观念与思维方式，才能在习以为常的教育现象中发现新问题，提出新见解，才能重新解读古今中外的教育文献，作出新的评价与取舍，才能对教育学原有的概念、范畴、命题、逻辑，作出新的诠释、探讨，取得突破性进展。"①

正是基于这样的理性思考与学术立场，王道俊先生几十年都专注于主体教育思想的研究，直到临终前，他还在研读康德的著作，思索与人的主体性相关的哲学和教育学问题。在先生去世前两个月，我去探望他，他还跟我说："虽然我现在呼吸有些吃力，每天要吸氧，但脑子还好使，康德的书我还能看得懂。"看到先生呼吸吃力却依然读书思考，身体虚弱却依然精神矍铄，我不禁肃然起敬，仰之弥高。

就在去世的前几天，王道俊先生还为最新版《教育学》教材整理

---

① 王道俊. 把活动概念引入教育学 [J]. 课程·教材·教法，2012 (7)：3-7.

出数十页的修改意见。

在这份弥足珍贵的修改意见前面，王道俊先生写下了这样一段话："年龄也令我不能不同教材分手。但在剩余的日子里，如有可能，仍将继续点点滴滴地记下修改意见，算作是隔世告别。其实，我不与教材告别，教材也会与我告别……"悼念先生时，读到这段文字，我的心在痛、泪在流。

正是这本《教育学》，王道俊先生用毕生的心血与智慧成全着它；正是这本《教育学》，成就了先生作为当代教育学家的学术人生；也正是这本《教育学》，发行数十载，让亿万中国师生受益匪浅，影响深远。

人生之书 恩泽几代弟子

一辈子，一本书。这本书不仅是一本《教育学》教材，也是一本王道俊先生用高尚品格铸就、树立精神标杆的生活教材。对于这一点，他的众多弟子都感同身受，受益无穷。

在王道俊先生逝世后不久，其弟子董泽芳教授就发表了《精神永在 风骨长存——深切缅怀王道俊先生》的纪念文章。

文章开头这样写道："王道俊先生是我国当代著名的教育学家，其奋力拼搏的求学态度、淡泊名利的人生追求、不懈求真的科学精神、抱诚守信的道德品质，永远激励我们为教育事业不断前行。"这段话全面准确地总结了王道俊先生的精神风骨，代表了全体弟子的心声。正是王道俊先生的这种精神风骨，永远激励着众多弟子。我深信，有幸聆听王道俊先生教诲的几代弟子都会像我一样，视他为我们人生中遇到的最重要他人。王道俊先生的精神风骨不同程度地、直接间接地、润物无声地影响着、感召着、引领着我们的学术生命乃至整个人生。

王道俊先生言传身教，严慈相济，爱生如子。1991 年，我幸运地搭上了他招收硕士研究生的"末班车"，成为师门中的小师弟。之后不久，先生便退休了，不再系统给研究生开课，只是偶尔开个讲座或与学生互动交流，所以，我们真正在课堂上聆听先生讲授的机会并不太多，这无疑是我们这一届学生的损失与遗憾。但毫无疑问，我们在先生身上得到的精神滋养是最多、最丰盈的，先生对我们的影响是最深、最久远的，这就是真正意义上的教育吧。

也正是从这个意义上讲，王道俊先生本身就是一本立德树人的活教材。我们在读研的三年中是先生家的常客。虽然不在教室里上课，但王道俊先生对我们的学习丝毫没有放松要求，每隔一段时间，就分批召集我们到他家并汇报学习生活情况，解惑答疑，指点迷津。

师母非常贤惠，特别关爱学生，总是给我们准备茶点水果。如果到了用餐时间，我们都会毫不客气地享受她的厨艺。这个时候，在探讨问题时一脸严肃的王道俊先生仿佛立刻变了个人，他会用慈父般的眼神注视着我们无所顾忌地猛吃。

现在回想起来，那是一种多么幸福的滋味啊！正如董泽芳教授所写的："先生对每个学生都是严慈相济，关爱有加。他一方面严格要求学生认真读书，独立思考，敢出新思想，甘坐冷板凳；一方面鼓励学生，关爱学生，问生活，谈家庭，他与学生谈话总是推心置腹，若知道哪个学生有困难，他一定会尽力相助。"这就是我们的先生，既是知识的传授者，也是智慧的启迪者，更是做人的引导者，是名副其实的"学高为师，身正为范"的好老师。

是的，每一次与王道俊先生见面，我们都能感受到他气场里扑面而来的教育因子，都能感受到他的精气神对我们心灵深处的那份震撼。

好先生、好老师就是这样的，对学生的影响很多时候并不局限于课堂与教学。王道俊先生对弟子们的恩泽不只在课堂，更是在课外，在生活的点滴之中。

自从1994年硕士研究生毕业，至今已经过去了20多年，由于专业跨度、工作性质加上天资愚钝等因素，其实，我对王道俊先生当年传授的知识与学问已经记不起太多了，但"要做一个像先生这样的好老师"的信念，在我的心里，却一直未曾改变，且变得越来越坚定。

王道俊先生淡泊名利，低调行事，谦逊做人。他除了学术理想，可以说无欲无求，有时候甚至淡泊低调到了常人难以理解的程度。比如说，像他这样的学术大家，竟然不是博士生导师，这一点，教育学界同人无不为之抱不平。很多人都说，这是中国教育学界对王道俊先生的一大亏欠。

王道俊先生对此却看得很淡，想得很开。他说："体制机制和学科建设规则就是这样，我们必须予以尊重，年龄到了就该退下来，不能上就不能上，谁也不亏欠我什么，谁也不需要给我说法。我虽然没有成为博导，但我现在有这么多学生是博导，这不比我自己做个博导更有成就感吗？"

听闻王道俊先生的这一席话，弟子们也多少释怀了。的确，先生虽然自己不是博导，可谁都知道，华中师范大学教育学专业博士学位授权点的获得，很大程度上是因为他的学术成就和影响，以及其弟子们所形成的强大学术团队。先生虽然自己不是博导，可谁都知道，他培养了诸如扈中平教授等一大批中国教育学领域的知名学者，而这些学者成为博导后，又培养了一批批博士，且有的也已成为博导。先生看到如此景象一定会备感欣慰，而这样的成就感恐怕是绝大部分博导们难以获得的。

退休之后，王道俊先生深居简出，几乎把全部精力放在《教育学》教材的修订和主体教育论的研究上，他谢绝各类学术会议与学术讲座之邀，偶尔出门"被迫"讲个学、发个言。

2006年，我邀请王道俊先生、王策三先生、郭文安先生等三位导师到长沙与张家界游玩，湖南师范大学教育科学学院想尽一切办法说动了三位老先生到院里与师生见面交流。

交流结束后，校方欲给三位先生课酬，被拒，于是拜托我转交。我冒着挨批的风险去一试，结果话还没到嘴边，就被王道俊先生一顿数落："亏得你还是我的学生，怎么也不了解我的原则，还帮着做这样的事情！"

那一次，我印象特别深刻，那是我成为先生弟子以来被他"骂"得最狠的一次，这件事让我进一步懂得了先生的为人，他为了坚持自己的原则，甚至有可能不近人情。

几年后在广州，华南师范大学教育科学学院请王道俊先生讲学，我吸取了此前教训，同样情况出现时，没有再犯同样错误。或许，王道俊先生那一辈学人所坚守的一些原则，我们这辈很难理解，但他们彼此却心照不宣。

王道俊先生与王策三先生是教育学领域公认的代表性人物，两位先生几十年的情谊一直都是教育学界的美谈。

1994年，王道俊先生推荐我报考王策三先生的博士生，记得当时我买了十几块钱的水果去王策三先生家拜访，当王策三先生隔着防盗铁门看到我手里提着东西时，说什么都不让我进屋。情急之下，我找了一个非常蹩脚的理由，说这是王道俊老师嘱咐我的。只见王先生眼睛一瞪，厉声说道："你撒谎，你们王老师是个什么样的人，难道我还不清楚吗？"是的，老先生那一辈的很多规矩我们确实不懂，他们一辈子所遵循的规矩和现今的许多套路都格格不入。或许，正是这样的格格不入，才愈加充分地映衬出老先生们品德的高贵与人格的光辉。

王道俊先生逝世后，我第一时间也写了一篇悼念短文。现在就把那篇短文中的一段话作为本文的结束语——

我们的先生，一辈子都献给了教育学，一辈子都在写《教育学》，但实际上，他本身就是一本最最珍贵、无与伦比的"教育学"，一本值得每个教育人静心研读一辈子的活教材！先生这本教材，我们永远读不完，永远学不尽。先生待人慈爱、为学严谨、淡泊名利、与世无争等品格，一直都在潜移默化地影响和引导着我们，先生就是我心目中完美无缺和无法超越的人生标杆。尽管我永远都难以接近先生的境界，但我庆幸因为有先生，自己的人生准则与目标才变得如此清晰和坚定，那就是——要学做一个像先生这样的人。

（郭声健，湖南师范大学教授）

教育学家中的夜莺

——我的老师刁培萼先生

先生小传[①]

刁培萼（1927—2014），江苏泰县人，南京师范大学教育科学学院教授。1953年毕业于南京师范学院教育系学校教育专业，后留校在党政部门工作。20世纪70年代因工作需要回教育系任教，80年代末退休后仍坚持持续学习与研究，主攻方向为教育哲学与教育文化学，曾任全国教育哲学专业委员会副主任。

在职期间，承担政治经济学、马列教育著作选读、教育哲学等课程的教学，同时着力推进教育学分支学科的建设。编著了《马克思主义教育哲学》，该书被指定为"高等学校文科教材"。主编了新中国成立后国内第一本《教育文化学》。根据国情，关注农村文化与

---

① 先生小传由刁培萼先生的夫人吴也显女士撰写，照片亦由吴女士提供。

文明的发展，编著新中国成立后国内第一本《农村教育学》，并主持了《农村少年儿童问题行为与教育对策》的选编工作，主编了《农村儿童发展与教育》《农村社会主义精神文明建设的基础工程》等著作。

退休后，除继续完成在职期间留下的任务外，主要致力于"学习学"与"智慧学"的前沿探索，力求扬弃理论与实践的二元对立，消除传统课堂教学中的人学缺席现象。世纪之交，在基础教育领域，组织了有近十余所小学参加的实验团队。基于知识经济背景下知识与智慧的价值得以提升，积极推进"走向自主创新性学习之路——对新世纪挑战的应答"的试验研究。并由此持续行动，主持了《智慧型教师素质探新》的编著工作，参与策划了"教育智慧与智慧型教师研究丛书"。

先生箴言

当代，从东西方文化来看，都提出儿童发展要在整体性上下功夫，传统的分科的各门课程实际上把儿童肢解了、分割了，再加上忽视人文学科包含的人文因素，导致了儿童发展的片面性与教育中的种种异常与危机。而文化则具有整体性的特征，文化的职能在于完成人的活动，保证活动的统一与完整。儿童发展文化的价值取向为儿童的整体性发展奠定了理论与实践的基础。

教育理论界的夜莺

英国天才诗人济慈（John Keats）给自己写的墓志铭是 "Here lies one whose name was written in water."（这里躺着一个人，他的名字写在水上）。何兆武先生说："温德说，西方有句谚语：'人生一世就是把名字写在沙上。'潮水一来，名字被冲没了，人生一世就是这样，正像中国古诗里说的：'人生寄一世，奄忽若飙尘。'可是济慈要把名字写在水上，这就更彻底了，一边写一边消失，不必待到海水来冲没。我听了以后非常感慨，觉得他对人生的领悟达到如此境界真是彻底。"①

济慈希望自己的名字不滞留于世，却获得了近乎永恒的存在，他的性情空灵如他的《夜莺颂》所说——"Thou wast not born for death, immortal Bird!"。我把这句话翻译为：我涅槃，夜莺永远不死。

我的老师刁培萼教授，就是教育理论界的夜莺。他的性情是真挚的、诚恳的。他是一个有智慧的老者，是一个单纯的孩童，这倒有些像柏拉图著作中的苏格拉底的样子——刁老师的外形和苏格拉底不搭界。刁老师的心性是哲学的、诗性的，他的语言比较有感染力，和他交往与谈话的人，容易被他那个人"勾引"住。那就像苏格拉底到处

---

① 何兆武. 上学记 [M]. 2 版. 修订版. 北京：生活·读书·新知三联书店, 2008：163.

与人谈话，对话的另一方被他感染一样。

刁老师是一个不容易被忘记的人。在教育学理论界如此热闹的今天，那么多的专家出没于各种各样的场合，却时不时地有人提起刁老师，提起他的《马克思主义教育哲学》《农村教育学》《教育文化学》、"自然·社会·人"的教育哲学观念，以及后来发展起来的"自然·社会·思维·人"的教育实践辩证法，提起他说话的样子、他的口气、他对学问的钟爱、他对人世间的情怀。这不免使人想问：教育是什么？教育学老师是什么样子的？

我于 1982 年进入南京师范学院教育系（现为南京师范大学教育科学学院）学校教育专业学习。大概在我入学第二年时刁老师成为我们的班主任，他后来给我们讲授教育哲学与马列论教育课程。他的夫人吴也显老师给我们讲授教育学课程——吴老师和令狐昌毅老师各上一个学期。我读本科的时候，去过刁老师、吴老师家几次，那个时候我在老师面前不敢说话。我读博士的时候，已经是所谓的副教授了，去刁老师、吴老师家里，敢说话了，主要是听老师谈学问，我们也说一些闲话。我博士毕业以后，倒是和刁老师、吴老师通电话、书信多了起来，刁老师甚至希望我常常和他们两位老人家多说说话，他们觉得我能够和他们说到一起，尤其能够谈学问。这样，我对刁老师的学问与性情，就知道得多一点。后来，他给我写信，称我为他的朋友，并不仅仅是他的学生。那时我觉得，我真的是刁老师和吴老师登堂入室的弟子了。

我呢，是刁老师的学生，我去他家里，他都是搂着我的肩膀把我搂到他的书房去说话，那是有如父亲搂着儿子般的家礼。所以，刁老师的两本书和我都有那么一丝半缕的瓜葛。

《马克思主义教育哲学》是新中国第一本教育哲学教材，刁老师是第一作者，第二作者丁沅教授也是给我们上过课的老师。刁老师接近80岁的时候，独立修订了这本书（丁沅老师没有参与，她自己原来写的章节也没有被采用），后来终于以《追寻发展链：教育的辩证考问》书名出版（教育科学出版社，2010年），当时刁老师已经83岁了，这是他唯一的专著。2005年，我在几千里外的电话里，"要求"他留给我们一本专著。他有些犹豫——年龄很大了，我却有些固执地要求他（别人没有跟他说这样的话）。他没有多说什么，显然我的话起了一些作用。

2013年11月我在他家，他跟我说，他的《教育文化学》要修订的时候，他曾经想过叫我一起参与。因为如此那般的原因，他没有给我发出"邀请"或者"命令"。我虽然没有进入他的《教育文化学通论》书里，却进入了他的眼睛里，我足以骄傲了啊！

刁老师去世后，吴老师跟我说，刁老师早就立了遗嘱，把遗体捐献给医疗事业。吴老师说她自己将来也会和刁老师一样，把自己捐献给社会。

接引佛的情怀

我们一直到读大学的年纪，才跟着老师们多多少少沾染些许"思维"的气质，实际上，我们当时也不知道那是带有思维"味道"的课程。刁老师的两门课程，恰恰是比较集中的"教育思维"训练课程。我不知道我的同学还能够记得多少刁老师讲的内容，我记得他有些高深的讲课内容和浓重的江苏泰州口音，我们往往跟不上他忽而哲学、忽而科学的引述与评论；而他讲课时粉笔在黑板上像子弹那样飞，颇有些像金庸武侠小说里面那些武林高手的剑法，甚为飘忽（当时的

《射雕英雄传》我们看得着实着迷）。所以，比我们低几届的同学，上他的课，竟然还有受不了的——佛经记载，释迦牟尼佛说法，也有大菩萨退场：智慧不够，听不懂啊。

我们不能要求一位老师上的课让所有学生都满意，令所有学生都满意的教师，应该是具有接引佛的情怀的教师。

他的课，还有他和吴老师的读书笔记，都是基于马克思主义著作的，也整理打印发给了我们。我搬了好几次家，转了三个省，现在仍然保留着大部分。

我（们）现在上课，都是用多媒体形式，一边念自己的文稿，一边解释文稿的意思，甚至往往还是坐着讲课，还要用话筒。这样，即使讲稿再有文采，也往往把讲课变成了"念课"。这样上课要上出味道与风采，难乎哉。再说，这个时代的大学和大学生，早已经是另有其他心思了。

我当了三十多年的老师，现在才意识到，刁老师讲课，那是多么美的身段啊！那是一个精魂在舞动，一个精灵在说话。佛教中的迦陵频伽鸟，声音美妙动听，婉转如歌，又称妙音鸟。刁老师没有那么美妙的嗓音，他的课自然也没有阿弥陀佛的佛法地位，但他却有接引佛的佛心：他要把学生接引到自由王国，他的身段是婀娜的，他的心是佛心。

洗 耳 朵

教育学最重要的使命是什么？那就是重新树立起学科的尊严。要想教育学重新树立起学科的尊严，教育学者就要具有精深的学养、具有接引佛的心性。

《庄子》中说，尧在位的时候，知道许由是高士，欲禅让于许由。许由听到那样的话，跑到山林里，在颖水洗自己的耳朵——他认为自己听了脏话。虽然《庄子》多寓言，这个故事也显现了庄子的情怀。我读博士的时候，有一年春天跟随我的导师班华先生和师母郭勤，与同门一起去南京浦口珍珠泉游玩，看见过一副楹联：踏阶幽林中掬鸟声洗耳，登城白云间揽山色入怀。

我觉得我们应该掬起迦陵频伽鸟一般的声音，把我们的耳朵洗一洗，洗去那些无意义的与假仁假义之声，使真正的教育学声音显现出来。因为无意义的与假仁假义的声音会遮蔽真正的教育学声音。

济慈在《夜莺颂》中写道："Still wouldst thou sing, and I have ears in vain."。我将这句话翻译为：世界毁灭时夜莺还在唱，我不再用耳朵倾听。

我不敢说刁老师能够永恒，不敢说他能够达到苏格拉底的境界。对老师的过分阿谀和对老师的贬低，都是对老师的不尊重。

我确实希望听到他那夜莺般的"歌声"。

（毕世响，福建师范大学教授）

师 恩 父 爱

——考博前后的难忘回忆

先生小传

王逢贤（1928—2013），辽宁大连人。1951 年从东北大学地理系毕业后，进入中国人民大学教育学研究生班学习，1953 年毕业直至 2013 年 12 月逝世，在东北师范大学任教整整 60 年，是我国教育学原理重点学科的创建者之一。自 1987 年以来共指导博士生 39 名，学生中不乏学术界、政界的代表性人物。其代表作有《德育新论》《学与教的原理》《优教与忧思》等。获中宣部"五个一工程"奖、全国首届教育科学优秀成果一等奖、高等学校科学研究优秀成果奖（人文社会科学）奖、香港柏宁顿（中国）教育基金会孺子牛金球奖、曾宪梓教育基金会教师奖等 20 多个奖项。

先生箴言

为人师表，简单说即教师自觉地以自身的纯正品德为学生作表率、作榜样、作示范，即以身作则，或身教。为人师表或身教作为师德之一与其他师德相比，其特殊价值在于它具有巨大的教育功能。其教育力度正如孔子所说："其身正，不令而行"。（论语·子路）为人师表或身教的这种巨大教育力量，首先来自教育者的自我对象化的严格律己性，即凡是要求学生做到的自己率先做到；其次身教是活生生的、真实的、直观的；其三是身教不凭借言教，是通过平等交往而耳濡目染、潜移默化的，不带任何"压力"，因此它最容易激发学生的敬仰、信任、共鸣、向往和模仿，从而对教师的言教也愿意听从。

2013年11月末，周霖师弟打来电话，告诉我王逢贤老师病情加重了。虽在意料之中，但情感上依然难以接受，整整一周，我寝食难安。数天后，我又接到了柳海民老师委托他人打来的电话，了解了先生的病情。我当即打电话与钟以俊师弟商量，决定立即启程赶往长春。12月7日晚与同师门的柳海民等师兄弟、师姐妹简单碰了个面，请上熊梅师姐领我们去了吉林大学白求恩第一医院。猛一见到老师，发觉他面容已经明显变憔悴了。王老师当时一下子认出我和以俊，他虽然当时吐字不清晰，却能坦坦然然与我们交谈。先生和我谈起2003年到贵阳给我上课的情景，往日逝去的岁月留下的记忆挥之不去……

最早知道先生的大名是在1985年，那时我是河北师范大学教育系二年级的学生，新来的肖文娥老师给我们上德育原理，她十分虔诚地说，国内学术界研究德育最优秀的当属东北师范大学的王逢贤老师，他的《学校德育过程初探》和《贯彻"三个面向"中的几个德育问题》是很有学术价值的文章。

1992年暑期，我当时刚任承德地区教委副主任半年左右，接到通知，国家教委要在长春举办北方地市教委主任培训班，主要学习《中华人民共和国义务教育法实施细则》，报到地点是东北师范大学学术交流中心。此前我从未去过长春，一个多星期的学习时间里，我徜徉在东北师范大学校园里，有一次大会休息时，我走出逸夫科技馆，望向远方，心中生起对在这里读书的向往之情。其间，我第一次听到了王逢贤老师的讲座，他清瘦的面容、缓缓的语速、犀利的词汇、深奥的道理、跨越性思维，让我不由得感叹：如果能够在这里读读书，该有多好！

1992 年王逢贤先生与黄济、鲁洁等先生应邀一起访问加拿大多伦多大学

　　1996 年暑期，中国教育学会中小学整体改革专业委员会吕敏老师邀我去内蒙古参会，我们约好一起从北京出发。一天下午六点左右，我从承德赶到北京站，吕老师招呼大家的时候，我注意到一位身高在一米七以上的清秀漂亮的女士，吕老师介绍说：这是东北师范大学的熊梅博士。我觉得自己年龄比她大，本科还是函授的，人家已经是博士了，真是望尘莫及啊！上车后，恰好我和熊梅的卧铺挨在一起，我们就闲聊起来。我才知道她就是王逢贤老师的弟子，这个机会怎能放过？我们的话题几乎都是"教育"，熊梅说起她的毕业论文滔滔不绝，我觉得我们找到了共同语言。在呼和浩特的会议开了三天，第二天晚饭后，我和熊梅坐在宾馆庭院的花池边上聊天，我问她像我这种外语

很不好的可不可以考研，有没有绕过外语而被录取的可能。她说外语是必考科目，并说谁都是从零开始的，还给我留了一丝希望：有一种考试由学校命题并且还有考前辅导，虽然招生名额有限但她的大师兄柳海民就带考生。她问我："报不报名？"我说："报！"

1996年9月初的一天，我在办公室接到了一个电话。"我是熊梅，还记得吗？""当然记得了。""研究生考试的事我给你报上名了。"我差点急出了汗："不行，我没准备！""你这个人，你说的要报名，怎么出尔反尔？""我外语根本不行！""不行学呗，谁生下来就会呀？""这哪是几天就能学会的，这是不可能的事！""你有点志气嘛！"这一下，我愣了半天，一咬牙："好吧！"

11月，我去长春，出站后熊梅接我，安排我住到教师培训中心。她也看出我忧心忡忡，安慰我说："考不上也正常，那么多人哪有一考就被录取的道理？"在东北师范大学的一个多月里，我上午接受外语方面的辅导，下午接受教育学原理、中外教育史、教育管理学、教育经济学、教育心理学方面的辅导。每天一回到房间，一头扎到床上，就那么一本英语书，看、背、查词典，每天都学到12点以后，头昏脑涨。1996年的最后一天，长春下起了大雪，积雪有膝盖深，熊梅邀请我到她家里吃饭，我见到了熊梅的几个本科同学，各有千秋。后来，我又接到了柳海民老师打来的电话，约我元旦到他家里吃饭，除了熊梅，还有范立双和于伟。

我心里像揣了个兔子一样迎来了1997年一月中旬的考试，第一科就是外语，尽管有了点信心，但一看卷子还是傻了眼，填空、判断、选择、作文，几乎都是懵着答的。最害怕的一个上午终于熬过去了，下午的教育学原理是我的强项。第二天的教育心理学卷和综合卷（教育史、教育管理、教育经济），我答得顺心顺手。考完试我在内弟纪利强家吃的饭，两杯酒下去，感到对不起爱人，心里不好受落了泪，至今都是弟媳妇的笑料。后来我便准备回承德，直到赶到火车站，我才给柳老师打了个电话。"考得怎么样，秉中？""不行，肯定考不上，外语太差了！""那怎么办？""我今晚就回承德了，明年我还来，还要当你的学生！"上了火车安顿下来后，心中的第一件和最后一件事，都是备战英语考试。

1997 年的 11 月，我赶到长春参加第二次考前辅导，还是那个高老师，还是那本书，当然我的复习情况比上一年要好得多。1998 年 1 月我再次参加研究生入学考试，两天考下来，我心里有了底。这一年的 7 月，全国中小学教师继续教育东北师范大学研究中心主任张老师来承德开会，虽然此前知道自己已被录取，但当他把录取通知书递给我的时候，我的鼻子还是有点酸。

接下来我做出了一个一生中重大的选择：脱产读书。我征求了一些老领导的意见，也获得了他们的支持，但当我正式向市委组织部提出来时，遇到了一个绕不开的结——没有带职务脱产读书的先例。在王部长的家里，我在职务与读研（鱼和熊掌）间，选择了后者。

2000 年 12 月，我通过了硕士论文《全人化教育论——走向 21 世纪的困境与超越》答辩，第二天我就问柳海民老师，能否考他的博士？柳老师告诉我应该考王逢贤先生的博士，我吓了一跳，这怎么可能？柳老师说试试，我战战兢兢地给先生打了电话。先生很干脆："你当你的官算了，念什么书啊？"放下电话我很沮丧，不由得走到了张亚萍（我的硕士同学）的办公室，向她诉说。她一拍手："我刚给王老师买完火车票，他今晚去北京，你何不陪他一起去？"天助我也！我当即就去买火车票，卧铺就别想了，还好买到了个硬座。那天晚上六点不到我就在王老师家楼下等着了，柳海民老师从车上下来看到我，惊讶地问："你怎么在这儿？""我也正好是今晚去北京。"先生从楼上下来看到我，同样是一脸诧异，"你不是承德的吗？怎么走北京啊？"我说："承德走北京才顺当，走沈阳还要倒车。"听了我的解释他也就欣然接受了。一同吃过柳老师的送行宴，我陪着先生上了火车，送他到卧铺安顿好后，才回到我的那节硬座车厢。

第二天早晨抵达北京站，我赶紧跑过去拿先生的包，与先生一同出站。当时中央教育科学研究所的詹万生老师来接他，詹老师恰好也跟我比较熟，安排好了宾馆，我们又一同吃中餐。饭间先生还在和我讨论"官员"为什么最好不要读博士的问题，一会儿，他突然说："不好，我的围脖丢在火车上了！"我愕然，想想确实昨晚看到先生围了一条米黄色的围巾，我太粗心了，没照顾好先生还丢了东西。詹老师安慰先生，先生解释这是他心爱的女儿给他买的，有纪念意义不说，他还非常喜欢，丢了确实遗憾。饭后，我告诉两位老师，我就不作陪了，还要转一转买点东西，先生嘱咐我给家人买点东西。到了北京城乡贸易中心，我特意在楼上楼下转，突然，我的眼前一亮——这不就是先生的那条围巾吗！

我回到宾馆，轻轻地敲门，没声音，等了等，听到里边传来鼾声，我叫来服务员向她解释了原因，她给我打开门。彼时先生鼾声大作，我坐在写字台前，用信笺写下了几行字，大意是：我粗心没照顾好先生，把有纪念意义的心爱的围巾忘在车上，很内疚。去买东西恰好碰到这个样式的围巾，权且略作一个补偿。我在河北师范大学时就曾拜读过先生的文章，不管先生让不让我考博士，我还是想要报名，即使考不上，我也要拜先生为师。临回承德，先生入睡不便打扰，留笔祝先生安好！

回到家的三天后，我在办公室接了个电话，让我惊喜的是，电话那头传来的是先生的声音："秉中啊，你这个小伙子真是个有心人，怎么就能买到一模一样的围巾哪！你想要报考，这是你的权利，我支持，但是报的人多，我只能招一个，一不可能给你辅导，二不可能在分数出来之前和你见面，凭你的本事吧！"我千恩万谢。

2001 年 3 月初，我第三次踏上了长春考学之路，不同的是这一次是参加博士生考试前的外语辅导。我了解到报考先生的博士研究生的共有 12 人，只能招一个计划内，另招一个计划外，内外的区别是一个是国家出钱，一个是单位或个人出钱。我心想，不管怎样，只要考到前三四名，能不能找找人增加个计划外什么的。4 月 14 日一天和 15 日上午，三科考完，唯有教育学原理我答得最为理想，似乎这张卷子就是为我出的一样；中外教育史答得很糟糕，其中明代官学制度和卢梭与杜威的教育思想的联系一题出乎许多人预料；英语答得也是稀里糊涂。

2001 年 5 月的一天晚上，柳老师把电话打到了我家里，让我猜猜我考了第几名。我大着胆子猜："第三。""不是！""第四或第五。""都不是。"我当时心里凉了半截："完了，没戏了！"柳老师哈哈一笑："你考了第一！""别逗我，老师你是从不开玩笑的。""没错，我刚从研究生处出来，分数已经出来了，你总分排在第一。英语考了 51 分，也过了分数线！"5 月末，我去长春面试，那天共面试 11 名考生，录取 7 名。我是第九个进入会议室的，面试时，我的对面坐了五位教授，正中是王逢贤先生。柳海民等四位教授问完后，先生给我出了一道题目：在你所读过的教育学著作中，举出两本来，简述其内容。我问："是否中外各一本？""可以这样理解。"我想了想答："中国的是《学记》，外国的是《教育过程》。"先生立刻来了精神："那么你说说主要内容。""《学记》我可以背下来！"我接下来背了两段。先生立刻说："行了，你再说说《教育过程》吧。"我把《教育过程》的主旨及其在美国乃至世界教育领域的影响力简略地做了陈述。

晚上，柳海民老师把我们几个硕士弟子叫到一起吃了顿饭，他非常高兴，说今天王先生更兴奋——"没想到，年龄最大的记忆力最好，居然能把《学记》背下来。"

就这样，我做梦都没想到，我竟成了先生的学生，并且与我的硕士导师柳海民老师以及教我硕士课程的袁桂林、熊梅、曲铁华、陈旭远等人成了师兄妹。那一年，我同时参加了贵阳市委面向全国公开选拔教委主任的笔试、面试和考察，最终被确定录用。我的内心很忐忑，要再次在鱼和熊掌之间做出选择，怎么办？没想到先生很干脆："如果放弃这个职位，对贵阳市委没法交代，对你自己也是个机会，在职攻读，必要时我去贵阳送课！"

2003年，先生在他75岁高龄时专程来贵阳为我授课，十天时间讲授了《当代教育理论重大前沿问题》，刘鸿庥副省长、贵州师范大学心理学教授王洪礼与我一同听课。离开贵阳前，我成功地动员了先生看看贵州的山水。先生白天看了黄果树和天河潭，但到了晚上他发起了高烧，我陪了他整整一夜，扶着他几次解手。我还劝他休息几天好了再回去，先生执意不肯。凌晨时我和他都睡不着，聊起了我们各自的身世，我11岁父亲去世，母亲含辛茹苦把我拉扯大。没想到我和先生在身世方面的经历竟有些相似之处，我们激动地拥抱，我感受到了先生对我犹如父亲般的厚爱，他也喃喃自语："这次贵阳来得值！"清晨，刘鸿庥副省长找来了医务所长，给先生打针开药并留下医嘱。后来我把先生送到机场，恰好碰到去北京开会的省教育厅何秀黔处长，我拜托他沿途照顾先生，又给于伟师弟打电话请他去机场迎接先生，安排妥当后稍稍心安。看着先生摇摇晃晃过了安检，回头向我们摆手致意的时候，刘鸿庥副省长哭成了泪人，嘱咐我再也别让王老师这么辛苦了！

2004年7月中旬至10月中旬，我请假三个月，在东北师范大学完成了毕业论文《教育均衡发展的制度化研究》，12月通过了论文答辩。如今，先生为我讲授的课程也成了我从2006年开始为贵州师范大学教育科学学院研究生所开的选修课。梳理我到贵州工作的近15年时光，如果说我有了搞好教育工作的信心，并取得了一些成绩的话，那么可以说，这些都离不开先生的教诲和指导。恩师给予我的教诲，我终生受用！

2013年12月8日上午，我和以俊再次来到病房，先生反复讲到这个学生那个学生，看得出来这些是他用毕生心血结出的欣慰的果实，他说了几次"知足了！知足了！"，这个时候，我的眼泪还能勉强控制，但当先生提醒我要赶飞机，该走了的时候，我实在抑制不住了，长时间拥抱先生，不想放开。多想跪在先生的床头，叩头再叩头。先生心爱的女儿小红送我出来后，我泪落如雨。我知道这是和先生的最后一面，忍不住和小红抱着痛哭。在电梯间抑制不住哭泣，直到坐上汽车走了很远，我的情绪才稍稍平息……。13日16时50分，噩耗传来，先生离开了……

师恩如海，父爱如山，先生啊，您永远在我心中！

（李秉中，中国留学人才发展基金会国际教育中心主任）

为学术的人生

——缅怀恩师王策三先生[①]

先生小传

王策三（1928—2017），安徽潜山人，新中国教学论学科重要奠基人之一，著名教育理论家，北京师范大学教育学部教授。1946—1951年，先后就读于安徽大学英国语言文学系、哲学教育系。1951年考入中国人民大学教育学研究生班学习，1952年全国高等学校院系调整后，转入北京师范大学教育系学习。1953年7月自研究生班毕业，留校任教。代表作有《教学论稿》《教育论集》《基础教育改革论》《教学认识论》《教学实验论》《现代教育论》。

[①] 原文刊发于《人民教育》2018年第5期，收入本书时略有修改。

先生箴言

教育改革必须遵循教育发展的基本规律，达到提高教育水平的目的，当前，迫切需要相对均衡发展，公平公正，提高质量。教育改革该改什么和不该改什么，要根据方方面面的情况，认真考量，不能主观猜想或粗心大意；教育改革的变化是教育生态的变化，主要是渐进、调整、改造，要用合乎教育本性的方法，而不能主要靠政治、行政的方法，不能老"折腾"，动"大手术"；教育改革主体是教师，主要资源和根本动力在内部而不在外部。

王策三老师的一生是孤傲高洁的一生，是为学术的一生。

站在人生的尽头，王老师评价自己是一位"比较真诚的学者"。对于生死，他看得很淡："人生自古谁无死，一丝孤傲存人间。"孤傲是他作为学者在浊世中的坚持。

"宁为狂狷，毋为乡愿"的学者品格

王老师是有口皆碑的教育理论大家。学术贡献之外，王老师留给人的日常印象最鲜明的是他的严格严厉、"不近人情"，甚至"不识抬举"。王老师有若干个"不"：不写序、不题字、不做传、不做生日、不报奖项、不申请课题、不与人合写文章、不拉帮结伙、不结党营私。退休后更是不开会、不讲课、不做报告、不参加论文开题答辩……用他自己的话说："绝不恋战。"这样的特立独行、张扬疏狂，与他所在的这个世界格格不入。

若有机构聘他做课题评审专家或职称评审专家，事先未做沟通而直接下聘书的，王老师一定会严词拒绝："岂有此理！这是尊重人的做法吗？他们还觉得是抬举我！"依常人看来确实是"不识抬举"。某杂志未经同意擅自发表了王老师的一篇会议发言，且有多处语句错误，王老师坚决要求杂志刊发道歉声明，在不理解的人看来也真是"不近人情"。某杂志约稿，王老师校对清样时，发现稿子多处被改动，便耐心与编辑沟通解释他为什么这么写。私下王老师和我说："编辑太年轻了，不了解我。我的文章可不是随便写的，每一个字都是反复推敲、琢磨过的，每一个字都是有用意的。对于认真的作者，编辑是要尊重的。你也是编辑，一定要尊重原作者的意见，不能随意改动。如果真有要改的，也得征求作者的意见。"偏偏这篇文章的编辑也很认真且有自己的理解，最终刊印时依然有几处依编辑的理解做了改动，例如，以常用的"相去甚远"替代了王老师自己的"相去愈远"。拿到杂志后，王老师马上就发现了，当然非常生气！虽然只一字之差，但意思差了很多，"我就是要表达'越来越'的意思！这个编辑怎么这么不尊重作者？"在一般人看来，一字之差，差别不大，如此反应，实是苛刻甚至是吹毛求疵。但在王老师那里，这是大事儿，因为他在乎。

王老师在乎学问，因而总是认真对待，认真到偏执、固执的地步。因为太认真、太在乎，便不能容忍别人不认真、不当回事儿。几年前，北京师范大学教育学部教育基本理论研究院邀请退休教师参加座谈会，讨论学术研究与人才培养等问题。座谈会的纪要刊登在当年刊发的《教育学部通讯》上，王老师的发言被摘要刊登，但有几处意思满拧，完全背离了王老师的本意。王老师大怒，当面批评时任教育基本理论研究院院长（时任院长曾是王老师的学生，于是，批评就有着训导的意思，非常严厉）且要求登勘误说明。登勘误说明是个难题，因为没地方登。《教育学部通讯》一年发行一本，如果刊登也只能等到第二年，最后只能不了了之。一位师兄劝王老师："您这么想：谁在乎这事儿呢？没多少人看，也没人真在乎您说了些什么。您也别当一回事儿了。"原本是为了让他消气儿的，结果王老师气之更甚。过后，王老师很无奈地说："现在都是这么做事的？谁都不在乎了？事儿都不认真做了？通讯怎么能错？为什么不校对？发表前为什么不让发言人审校？简直岂有此理！"这样一连串的问题，都指向最简单的、最应该做的事。这些事做起来并不难，只要认真一点，就不会出错。问题是，没人在乎，没人把这事儿当回事儿，都在做表面功夫。王老师像堂吉诃德一样，自己与风车对战。他的呐喊，出了口便消了音，谁都听不到，只在自己的内心轰鸣。这样一个人，在这个世界上，就活成了只被尊敬却无人跟随的悲剧。王老师说："金庸笔下有个独孤求败。我就是独孤求败啊！"

2010年我在《北京师范大学学报（社会科学版）》上发表了一篇回顾主体教育实验与教师专业发展的文章①，题目原为"主体教育实验与教师专业发展新机制"，编辑强烈建议将其改为"我国教师专业发展的实践探索"，因为可以彰显意义、扩大影响。刊出后给王老师送了样刊。王老师看后，等不及当面反馈，电话先追过来说题目不好。听我讲了题目的前因后果，对我、对编辑都极为不满。不满于我不能坚持"这不只是题目的事儿"，不满于编辑自以为是和"不尊重作者，不尊重学问"。再见面时，王老师依然耿耿于怀，纠结这篇文章的题目。见王老师生气我便"和稀泥"："王老师您的文章，编辑不能改一个字，我写的文章没那么重要，改就改了呗。"王老师跟我瞪眼，就差拍桌子："这是什么话！王策三的文章不能改，郭华的也不能改！谁的都不能这么改！"依王老师的性格，自此便对这位编辑有了看法，只要事关此人，便要旧事重提数落一番。王老师为此文写的读后感中还专门提到此事。"在结束本文的时候，还想谈几点感想。

---

① 郭华. 我国教师专业发展的实践探索：主体教育实验18年回顾 [J]. 北京师范大学学报（社会科学版），2010（5）：21-27.

第一点，这篇文章所采取的方法和体现的学风很好。……第二点，有一丝缺憾感：题不副文或名实不副。文章主要研究论述的是教育改革实验，教师专业发展只是其重大成果之一。题目主要标示教师专业发展问题，关于教育改革实验本身及其对教育理论和实践创新的重要意义等内容的研究成果，则相对淡化了；而且，即使就教师专业发展而言，文章不是一般谈论，其可贵之处在于探讨了其新的机制即重点在于机制，而题目也未能突出出来，把它遮蔽了，减弱了文章的意义。另一方面，教师专业发展问题涉及内容很广，从不同视角研究者众多。这篇文章尽管很突出，也只是其中一（个）部分，一个方面，而题目标上'我国……'这种字样，有勉强拔高、大而不当之嫌。这些，可能是作者与编辑沟通不够，共同推敲不够！科学是严格的，应该力争实事求是，但愿并相信广大读者能看得出来并予理解。"① 某天遇到文章编辑，我笑问他对王老师的批评有何感想，觉不觉得老头儿小题大做。他说："王老师说得有道理。王老师这么详细写出来，我才真正意识到题目确实改得不好。"于是我们俩凑一起共同感叹佩服了一番王老师。不久，《新华文摘》对这篇文章做了论点摘编，摘编的题目用了"主体教育实验促进了教师专业发展"。编辑再见我时，兴奋地高声说道："王老师就是厉害，牛啊！《新华文摘》也是用了原来的题目！"你看，王老师对他有意见有批评，他非但没有抱怨，还感激他。

对于自己的特立独行，王老师晚年也时有反思，反省自己的做法会不会"得罪人"，会不会"不近人情"。王老师常说：中国智慧的精华是中庸。什么是中庸？我认同冯友兰的说法：中庸就是恰到好处。但是，如果做不到中庸呢？宁为狂狷，毋为乡愿。

---

① 王策三. 教育改革实验与教师专业发展：读《我国教师专业发展的实践探索》[J]. 中国教师，2011（1）：61-62.

"如履如临，临事而惧"的严谨学风

王老师特别在意教育学研究的好学风。他自己的文章就是好学风的样本。他从来不谈虚空的问题，而总是从中国实际出发，致力于解决真实的理论与实践问题；他不唯书不唯上，不妄自菲薄崇洋媚外，不夜郎自大抱残守缺，不用浪漫主义的幻想去躲避现实的问题；他从不故作高深，从不用夺人眼球的标题、华丽繁复的语句，只用朴实的"大白话"，把研究成果清楚明白地呈现出来。他的文章没有一篇是无病呻吟，每一篇都是不平则鸣，都是"我要说"，都言之有物。"文化大革命"过后，王老师这一代学者追寻教育规律解决中国实践问题，但学风依然是个大问题。

在 1988 年的《教学论十年》中，王老师就明确提出了学风问题，提到教学论研究要继续不断地克服教条主义、经验主义、"长官意志"的消极影响，"反对醉心舶来品，搞屠龙之术，无实事求是之意，有哗众取宠之心"的做法。① 1992 年 3 月他在安阳人民大道小学全体教师工作会议上谈对小学生主体性发展实验的一些认识。这个发言体现了王老师一贯主张的实事求是、谦虚谨慎进行教育研究的学风。他说："我们想探索一条新的思路：不打乱现有的教材体系和教学秩序，而是以教育主体（或主体教育）思想来运用现有的课程、教材、教法和管理方法，在实践过程中，逐步地研究、调整、改革和创造。"② 为什么呢？因为：其一，什么样的课程、教材、教法和管理方法能够培养学生的主体性，我们并不知道，这些正是需要加以研究的；其二，要

---

① 王策三. 教学论十年 [J]. 教育研究，1988（11）：35-40.
② 王策三. 对小学生主体性发展实验的一些认识 [M] // 王策三. 教育论集. 北京：人民教育出版社，2002：230.

实事求是地评估现行的课程、教材、教法和管理方法对学生主体性发展的作用，它们还不完全适应但又不是完全不适应。"我们认为，不需要、也不应该在没有多大把握的情况下，去主观构想那'另外的一套'"①，因为没有这一套，另外的一套也没有出处。这样的研究思路，与动辄要进行"革命"、主张"不破不立""大破大立""先破后立"的思路相比，既显不出新意，又"胆小"谨慎，既不光鲜夺目，又无法鼓动宣传，但是，这是真正研究的路子，是实事求是的、负责任的严谨学风。

进入 21 世纪以来，各种新名词新举措层出不穷，但教育学的基本理论研究却并无真正的进展，学风建设依然紧迫。王老师有多篇文章提到学风问题，甚至专列一节谈学风。例如他 2002 年发表的《一次很好的学习》、2003 年发表的《一份宝贵的教育学遗产》、2004 年发表的《认真对待"轻视知识"的教育思潮——再评由"应试教育"向素质教育转轨提法的讨论》等文章中都谈到了学风问题。王老师说："一些含混模糊的提法或理论之所以流行，除了教育基本理论和课程论的理论建设不足的原因，也与学风建设不足有关。经过几十年的实践和发展，我们总结出和形成了'解放思想，实事求是，与时俱进'的思想路线。我们的各项事业，包括教育改革创新事业，都必须从各式各样的土教条、洋教条的束缚下解放出来。不能做不切实际的空想，不能撇开社会条件和轻视知识来设想和谈论学生的个人发展；不能再受某种思维定势的束缚：笼而统之、非此即彼、好走极端。"② 他认为，好的学风是中国教育理论研究健康发展的重要前提，极为紧迫。

---

① 王策三. 对小学生主体性发展实验的一些认识 [M] // 王策三. 教育论集. 北京：人民教育出版社，2002：230.

② 王策三. 认真对待"轻视知识"的教育思潮：再评由"应试教育"向素质教育转轨提法的讨论 [J]. 北京大学教育评论，2004（3）：5-23.

在 2002 年发表的《一次很好的学习》一文中，王老师特别提到了教育研究者的责任与能力。"因为事关国家民族的教育大计，责任重大。我们写文章，作报告，提口号，发表言论，要慎重，要负责，既要敢于负责，又要有能力负责。""我们教育工作者的确承担着'特殊责任'，不可不慎重，不可稍稍轻言失败的风险。古人云：如履如临，临事而惧，应是箴言。""在教育科学研究中，要善待不同意见。这既是民主作风，也是科学态度和方法。因为一方面，教育现象极其复杂，哪怕是一个很小的问题，要研究和说清楚也是很不容易的，何况是涉及面很广的问题；另一方面，任何个人总是有局限的，一叶障目而不见南山，明察秋毫而不见舆薪，几乎是难免的常有的事。因此必须靠群体的力量，充分重视（不可小看）教育学已有成果（它是多少代群体的力量结晶），特别是要耐心听取不同的、相反的意见。不能一听到不同的、相反的意见就不高兴。姑且不说不同的、相反的意见多少有可取之取处而自己倒不一定是完全对的，即使它是错误的，所谓他山之石，可以攻玉，可以促进思考，防止片面性。"[①] 这篇文章发表在那场始于 2004 年的"论战"之前。

在那场人所皆知的著名"论战"中，王老师如他所说，"如履如临，临事而惧"，对于论战另一方的观点和意见极为重视。对于这场争论，他常说的是"争论不是为了争个我高你低谁胜谁败""好的学术争论是能够促进学术发展的""真理越辩越明""我相信钟老师（指钟启泉教授）的质疑是从学术出发的""对方的批判促使我们认真思考"。他绞尽脑汁思考的问题是"为什么我们认为常识的东西，对方会批判？"他很自信："说到大天去，人类也得有教学"，但"教学认识论确实需要正视这些问题"。正是在王老师的引导下，我们能够以

---

① 王策三．一次很好的学习 [J]．教育研究与实验，2002（1）：12-17.

客观的立场看待这场争论,并通过这场争论提升对教学认识论的再认识。我在 2016 年第 2 期《北京大学教育评论》发表的《带领学生进入历史:"两次倒转"教学机制的理论意义》一文,就是从这场争论中获得的对教学认识论的新认识。我撰写这篇文章时,王老师虽已在病中,但依然认真地看了全文、提了意见并甚感欣慰,认为是对教学认识论的一个提升。

"风物长宜放眼量"的学科情怀

现在的大学躁动不安,像娱乐圈一样有各种排行榜,有各种"大咖""大腕""大佬"。对于这种现象,王老师总问:"没人安心做学问了吗?"既是无奈的问询又是痛心的谴责。早些年,还没有如今这么热闹的、五花八门的榜单,但有学科排名。北京师范大学和华东师范大学的教育学科,校外被拿来比较,校内用来激励老师们发文章做课题申奖项。对于这种事情,王老师非常看不上。王老师常说:"第一第二重要吗?重要的是整个教育学科的水平!不要说与历史、文学、哲学相比,教育学的整体水平是太低了,就是和经济学、社会学相比,教育学的水平也低很多。"对于整天算计排名的人和事,王老师是"刻薄"的:"鼠目寸光、眼光短浅、自娱自乐、自欺欺人。"有时,王老师会为身为教育人感到尴尬和羞愧:"我们的理论研究实在不够,教育基本理论和课程理论还很薄弱。……我们举国大讲素质教育,却没有也不能回答究竟什么是素质教育这个问题。这是很说不过去的、令人尴尬的事情。"① 整体水平这么低,心思仅仅放在排名上,没意

---

① 王策三.认真对待"轻视知识"的教育思潮:再评由"应试教育"向素质教育转轨提法的讨论 [J].北京大学教育评论,2004(3):5-23.

义。王老师说："风物长宜放眼量。眼光要放长远，不要盯着排名，应该盯着教育问题，盯着基本理论研究。被别人超过，是件好事。"一个真正的学者，会为这个学科的发展而感到由衷的欣慰和高兴。有了学科的发展，这个学科的从业者才会有尊严，也才会吸引更有才能的人进入这个学科。没有学科的发展，在自己的小圈子里，自封大神，自娱自乐，确实没什么意思。

终究，王老师对教育学科还是满腔深情、寄予希望的。他常喟叹："不信东风唤不回！"他对教育学科水平提升的诉求与贡献，除了自己"夜半犹啼血"的研究，很大一部分表现在对学生的严厉要求上。

王策三先生早年授课照片

王老师的学生，没有不被王老师骂过的。当我们都工作以后，王老师也老了、骂不动了，和王老师在一起的时候，最常提起的就是当时是怎么被王老师骂的、缘何被骂。王老师很不解："我真是那样不通情理的人吗？"我们笑对：当然，就是这么不通情理。奇怪的是，大家回忆"被骂"，竟然都是怀念、开心。被王老师骂，似乎成为一种荣耀，因为"还值得被骂"相当于"可造之材"，而不是"不可救药"。

　　我第一次被王老师骂是在 1996 年的春天，那时我跟着王老师做访问学者。通常，访问学者相比研究生来说，要和导师的关系远一些，因为访问学者并没有必须完成的任务，导师也就不必太认真太严格，差不多就行了。但是，在王老师那里，学生都是一样的。涉及学问，他是一点都不迁就的。记忆中应该是一天下午，我正看书，宿舍喇叭喊有我电话。我到楼下门卫室接起电话，刚"喂"了一声，就听到王老师声如洪钟气性十足的命令："你现在过来一趟！"我心里惴惴不安，不知是什么事情，但一刻不敢耽搁，骑车飞奔至王老师家。一进门，看到王老师手里拿着我写的一篇论文，心想必是和论文有关。果然，没有任何铺垫，王老师劈头盖脸就"骂"问："你给我说说，班级授课制和讲授法是一个东西还是两个东西？"当头棒喝的感觉，记忆最是深刻。王老师就是这样，能为论文里的一句话一个词，大发其火。对于不热爱学问的人，对于视学问为儿戏的人，会觉得王老师小题大做，不近人情，刻薄苛刻。但为什么被骂过的人不记恨他呢？因为他的"骂"不是泄私愤，而是对学生负责，对学问认真，从他的"骂"里，学生能够获得最直接的启示，豁然开朗。那天，王老师棒喝之后，就认真地讲为什么班级授课制和讲授法是一个东西而不是两个东西。王老师语重心长地说："搞理论，要抠概念。"

　　现在的博士生延期答辩已是常态，但 20 多年前，对博士生来说，推迟答辩是天大的事儿，甚至是一件耻辱的事儿。那时候没有匿名评审、没有抽查，博士生是否能答辩全靠导师判断。导师担着巨大的学术责任，同时也有可能为不得罪学生而"放水"。在北京师范大学，王老师是第一个让博士生延期答辩的导师。被推迟答辩的那位学生所写的论文，跟别的论文比起来，不仅不差，甚至还要更好一些，但就是因为没有达到王老师认为应该达到的水平，就被推迟。在当时的我们看来，王老师是有点太严厉了。王老师说："以后她会知道，我是为了她好。"这种"好"，不仅是对学生的未来而言，也是对学科的未来而言。

2005年开始，王老师觉得《教学认识论》有了再修订的基础和必要，但王老师自己不再参与，因为"这个事儿终究得由你们来完成"。王老师的工作，就是把他认为有价值的文章和观点，一个字一个字地录入电脑，做成电子版的摘录卡片，并在每一段摘要卡片后标出对这段话的理解、阐释，供我们借鉴、使用。他说："我现在是没有精力做大文章了，我至少还有眼光，有判断力，可以帮着你们出出主意，帮着找找资料。"

王老师身后，人们纷纷想起他的"好"来，自发地封他为学者楷模、教育良心、教育学界的担当。若王老师地下有知，他会做何应对？王老师这么评价胡克英："胡克英同志是不是一位教育家？是不是一位教育理论家？是不是一位教育思想家？是不是一位教育改革家？我以为都可以这样称呼他。但我宁愿称呼他是一位中国学者知识分子。我不知道他的名字是不是被收入什么教育家大辞典，或者什么名人大辞典了。如果已经收入了，那当然很好，如果还没有，那也不是最重要的。当今，教育家的头衔和称誉使用得相当广泛。有的是名实相副的，但毋庸讳言，也有的浅化了乃至失去了其本来的意义。我想，真正的学者，主要追求真理，讲的是真才实学，即使形式上没有被称为某某家，收入某某大辞典，他也会被收入真正的'辞典'，那就是经过大浪淘沙，人类科学文明精华中留下了他的一份贡献。"[1] 这份评价，也可以用来评价王老师自己，或者说，王老师心目中对自己的定位，就是"经过大浪淘沙，人类科学文明精华中留下了他的一份贡

---

[1]　王策三．一份宝贵的教育学遗产 [J]．教育研究，2003（7）：14–18.

献"。王老师最欣赏的历史名人是谁？张载。为什么？因为张载说："为天地立心、为生民立命，为往圣继绝学，为万世开太平。"王老师说："张载的口气真大！孟子的口气也不小。"王老师还欣赏两位"司马"（司马迁、司马光）、唐宋八大家，尤其是韩愈（苏轼赞他"文起八代之衰"）。

2017 年 12 月 20 日上午，王老师去了另一个世界。

我多希望他去了一个平行空间。我写这些文字的时候，王老师能够看得到，能够像以往一样，跟我交流。如果我能听到他的声音，也许会听到他说：写这些有什么意义，浪费时间。快去干正事！

（郭华，北京师范大学教育学部教授）

汪老师与我

先生小传

汪永铨（1929—2016），湖北鄂城人。1950年从清华大学物理系毕业，并留校任教，1952年因全国高等学校院系调整转入北京大学物理系任教，历任北京大学教务长、高等教育科学研究所首任所长等。代表作有《中国高等教育结构研究》《面向21世纪我的教育观·高等教育卷》《教育大辞典·高等教育卷》等。

先生箴言

高等教育研究者应该做到五个"不唯"：一是"不唯上"，即有认真、负责、严肃、科学的态度，要敢于面对"权威"开展有关问题的讨论；二是"不唯书"，即不能"唯书是从"、把自己变成书的"奴隶"，而要有独立思考，对书的内容有自己的认识、体会与见解；三是"不唯众"，即不能人云亦云、"随大流"，只能服从真理，哪怕真理掌握在少数人手里；四是"不唯我"，即不能盲目自以为是、唯我独尊，须服膺学术民主原则，在现有的基础上出现更多的权威，形成不同的学派；五是"不唯风"，即研究不能"追风"、赶时髦、追逐"热点"，需要长期研究和解决相对独立的问题，要甘于寂寞。

80 年，是一个漫长的时段，其中肯定有不少回忆和故事。可惜汪老师不愿回忆，甚至到了 80 大寿之际也不愿写点回忆的文字。余生也晚，无法追溯汪老师较早的往事，只能从最近的 20 多年入手。说是讲述汪老师，其实也是对自己过去的回顾，所以题目就叫"汪老师与我"。

初 入 其 门

25 年前（指 1983 年，本文最早写于先生 79 岁生日）的春夏之交，我第一次见到汪永铨老师。

当时我在北京大学西语系德语专业学习，正是毕业前夕，在惶惶不可终日地等待分配工作。终于有一天我们的班主任严宝喻老师问我，是否愿意留校，去高等教育研究室（以下简称高教室）工作。我没有思索，爽快地答应了，当然不是为了高等教育，而是为了留校。我当时根本不知何为高等教育研究，也不知高教室在做什么，更不知道高教室在哪儿。总之，我在毫不知情的情况下，就做出了一个影响我一生的决定。

过了一段时间，记得是到红一楼去见汪老师。在我的印象中，那是一间很安静的办公室，应该是教务长办公室。第一次见汪老师，他看上去很威严，我更加局促。但开始说话后，我稍稍定下神来，因为汪老师说话很慢，不急不慌，而且表述清晰明白。汪老师耐心、从容地为我讲了高等教育研究的主要内容以及国外高等教育研究的情况。后来想起来，这算是我进入高等教育领域的入门第一课吧！

面对我这样一名对高等教育研究一无所知的年轻人，汪老师讲得既宏观又具体，浅显易懂，让我觉得高等教育研究是一个很有发展前景的领域，我当时就有点跃跃欲试的感觉。

可能是暑假之后，我正式报到上班了，才开始进入高教室办公室。当时办公室在27号楼的三层，有三间10平方米多一点的房间，分别是办公室、资料室和会议室。记得第一次参加高教室的会议，就在那间会议室中。会议由汪老师主持，除了我以外，还有曲士培老师、陈学飞老师以及办公室的李嘉娥老师。大家围桌而坐，就五个人，基本就坐满了。我当时看着这小小的会议室，觉得很好玩。会议的具体内容记不清了，但当时说到有了新生力量，高教室会继续发展云云。

说到我来高教室工作，有人后来问汪老师："你也不面试一下就录用了，撞大运呢？"我人生中还真少不了撞大运。

汪老师与北京大学高教室部分同志合影（1983年）
左起：曲士培、李嘉娥、汪永铨、郝克明、陈学飞

不 言 之 教

与我一同进入高教室的还有第一批硕士研究生——高柏、陈树强、王雨和郭枫，一共四人。汪老师要求我跟这四名学生一起听课。当时高教室自己开的课很少，汪老师讲外国高等教育史，曲士培老师讲中国高等教育史，陈学飞老师讲美国高等教育史。在汪老师的课程中，我既是学生，也是老师，因为我负责讲德国高等教育一节。其他的有关课程，汪老师安排我们去北京师范大学旁听，比如顾明远老师的教育学原理、符娟明等老师的比较教育。另外，汪老师还请了外校的老师以及国外的老师来上课。所以，当时高教室虽然很小，自己开的课程很有限，但课程却很丰富。而且第一批研究生的学习热情很高，自己还举办了不少小型研讨活动，甚至还面向全校做报告。

汪老师对学生要求很严，所以学生们特别是两位女生很怕见汪老师。我曾经跟汪老师说过，学生们都怕见他。他听后疑惑不解。其实汪老师很少批评学生，相反倒是以鼓励为主，而且喜欢开玩笑。据我的观察，学生怕汪老师，一是因为汪老师面相威严，使学生望而却步；二是因为汪老师对学术有很高的要求，学生的作业或论文，从材料到结论，从逻辑到文字，汪老师从不会轻易放过，而且他还喜欢亲自动手修改。就几页纸，一经汪老师的手，斑斑点点，红一块黑一块，改得面目全非。而且所补充的文字，一律秀丽的蝇头小字，一笔一画，绝不马虎。对此情景，谁能不敬？谁能不畏？

汪老师对学生很少长篇大论。改两次作业，提几个问题，学生们就知道今后该怎么做了。比如汪老师从不轻易发表文章，也很看不上许多发表的、但没有什么新意的文章，学生们自然也就不去汲汲以求发表文

279

章了。记得我一次应潮流写了一篇与我的"主业"没有什么关系的文章，写完后交给汪老师，但一直没有得到汪老师的反馈。我心想，八成是汪老师看我这文章没有价值，不值得发表，懒得理我了。

后来我再也没有打听过这篇文章的下落，但下笔也更加谨慎了。

宏 大 设 想

我刚刚到高教室工作时，汪老师似乎是想把比较高等教育作为一个重点发展方向。汪老师本身就关注美国高等教育，陈学飞老师也专攻美国高等教育，我来了后负责研究德国高等教育。在硕士研究生当中，高柏负责研究日本高等教育，王雨和郭枫负责研究法国高等教育，而且高柏和王雨毕业后留下来继续从事各自的研究，后来还有专门负责研究苏联和英国高等教育的教师。从当时的人员构成看，汪老师可谓雄心勃勃，设想宏大，想把北京大学高教室办成中国比较高等教育研究的重镇。

当时汪老师与教育部教育发展研究中心共同承担一个关于高等教育结构的大型研究课题。汪老师负责国际比较部分，我们在他的带领下分头承担美国、日本、德国、法国的高等教育结构研究，并追溯一百年来高等教育结构的变化情况。汪老师负责的国际比较部分一经发表，立即引起普遍关注，成为当时国内比较高等教育研究的力作。

汪老师的宏大计划，并不是体现在"说"上，而是主要落实在"做"上。他的这一设想好像从来没有落实到什么"规划"或"长远计划"等报告书中。而他一直在实实在在地做事情，比如从他选拔教师和研究生的情况，就能看出他的宏大设想。

从资料建设上看，也能看出汪老师的宏大计划。在进行各国高等教育结构的项目时，在汪老师的带领下，我们几个人与国外所有能提供有关统计材料的机构都取得了联系，搜集到一大批重要材料。我自己也是通过这次统计材料的搜集了解了德国所有有关高等教育研究的机构，并与其中若干重要的机构建立了长期的联系。汪老师的另一个关注点是北京大学图书馆的藏书。北京大学曾设教育学系，所以有不少教育类藏书。汪老师亲自到北京大学图书馆去搜罗资料，找到大量20世纪二三十年代出版的关于教育的书籍，并想办法把这批书调到了高教室资料室。关于新书，他要求我们从图书目录中去查找各个国家关于高等教育的最新著作。我负责德国部分，当时为北京大学图书馆定了一批相关书籍。

从汪老师对资料占有的要求上，不难看出他长远的研究计划和目标，他其实是想结合着建设比较高等教育研究重镇的目标，在高教室建立一个丰富的比较高等教育资料库，为今后长远的国际比较高等教育提供一个坚实的基础。

汪永铨先生与本文作者在德国合影（1996年）

培 养 提 携

我到高教室工作后，当然面临一个个人长远如何发展的问题，但我自己当时并没有意识到这一问题。汪老师首先想到我读硕士研究生的问题，但他觉得，考研究生，就得去准备政治、外语等科目，与其把精力花在准备考试上，还不如多看点书，尽快进入高等教育研究领域。所以他支持我同研究生一同上课，但不用去读研。他说，今后在北京大学的职业发展，主要是看成果，而不是学历。于是，我也就不去想读研究生的事情，一心听我的课，做我的工作。

同时汪老师觉得，我进行德国高等教育的研究，很有必要去德国进行交流，以便与德国的同人建立联系。有一次，汪老师问我柏林自由大学的教育系都有哪些教授和专业，让我查一查。我不知其用意，就去查了，然后告诉了汪老师。过了一段日子，汪老师给了我一张出国交流申请表，申请的学校就是柏林自由大学。这样我就第一次去了德国，进行了为期一年的访问交流。现在想起来，这一年对我非常重要，成为我后来与德国学术界密切联系的开端。

进入20世纪90年代以后，随着高教室有了博士点，以及北京大学取得博士学位的老师数量的增加，没有博士学位的年轻教师的职业发展似乎受到一些限制。又是汪老师主动与我谈起读博士的事情。其实是在他的安排下，我顺利地通过入学考试，跟随他开始攻读博士学位。

这就是汪老师的风格，与其空谈，不如做实事。我出国也好，读博也好，都是在他不声不响的安排下进行的。这反映出汪老师对年轻教师真正的关心与培养。不仅是我，其他年轻教师也都是在汪老师的帮助和提携下逐渐成长起来的。

（陈洪捷，北京大学教育学院教授）

用生命雕刻大写的"人"

——记孙喜亭先生

先生小传

孙喜亭（1930—2018），河北正定人，北京师范大学教授、博士生导师。童年和少年时代，在家乡小学接受启蒙教育。1947年考入正定中学。同年11月，因解放石家庄的战斗，正定中学停课，回到家乡村小教书。1949年1月加入中国共产党。1949年8月从石家庄师范学校毕业，被分配到石家庄师范学校附属小学任教。1953年调至石家庄团委少儿部，领导全市学校少先队工作。1954年8月考入北京师范大学教育系，四年后以优异成绩毕业留系任教，1997年10月离休。代表作有《教育原理》《教育学问题研究概述》《教育问题的理论求索》《教育问题的理论思考》《简明教育学》《基础教育改革论》等。

先生箴言

从教育本体来说，是发展人的身心，是使人社会化，是使人得于与一定的社会生活相适应并促进一定社会的发展。人固然是劳动力，因为人不劳动，不进行社会生产，人本身就无法生存，人类社会也就不能延续和发展；然而人为什么要劳动，劳动的目的又是为了什么？回答这一问题，这又不能不回到人自身，人真是为了自身的生存和发展而劳动，因而人的劳动是生存和发展的手段，人的生存和发展是人的劳动实践的最终目的。若把教育仅看做是劳动力的教育，仅追求它的经济功效，那就窄化了教育的价值，那就仅是工具的教育，而不是完整的人的教育。

我尊敬至极的恩师孙喜亭先生于 2018 年 11 月 12 日 11 时 40 分永远地离开了我们。噩耗传来,我不禁悲从中来,泪难止抑。恩师一生,用坚实的步伐,在宇宙间雕刻了一个大写的"人"字。我师从先生,学到了教育学理论,更学会了做人,而后者对于我的一生来说最为重要。

"我也要放声高唱没有共产党就没有新中国"

孙喜亭先生出生在河北省正定县二十里铺村,从小受尽了苦难。1947 年 11 月,先生的家乡解放了,村长让他到村小教书。上课时,他首先教孩子们认念:"我是中国人,我们爱祖国……"从此,17 岁的他便与三尺讲台结下了一生之缘。第二年,他进入石家庄师范学校读书,并当选为学生会主席。即将毕业时,他又当选为人大代表,参加了石家庄第一届人民代表大会。

1954 年,年已 24 岁的他考入了北京师范大学教育系。入学后,先生分外珍惜这份难得的机遇,怀着满腔的幸福感,全身心地投入到学习和教育实践活动之中。1958 年先生毕业时,被北京师范大学评为又红又专的学生,便留校任教。经历了不平常的岁月之后,改革开放的春风使年近五旬的先生浑身充满活力。他把一天当作两天用,在书桌旁努力学习，在讲台上辛勤耕耘，将自己的全部心血奉献给了国家的教育事业。

先生深知，自己一生中的所学所获，都是开辟了中国历史新篇章的中国共产党给他带来的。他在 2011 年 7 月 1 日的日记中写道：

今日是中国共产党九十岁生日，我今年 81 岁。我亲身见证了党 62 年来风风雨雨、坎坎坷坷、不凡的日日夜夜。我在党的怀抱中接受关怀和培育，经受教育和考验。由一个世事都不知的农村娃成了如今的一名大学教授。我也要放声高唱没有共产党就没有新中国！

2003 年 9 月患病之后，先生虽然不能亲自参加祖国的建设事业了，但仍然时刻关心着国家的改革开放和现代化建设，他的心始终和国家发展的脉搏同步跳动。2005 年起，先生开始练习用左手写日记。从此，国家的件件大事，他都记在日记中，如 2005 年"神舟六号"载人飞船成功发射，2007 年"嫦娥一号"卫星成功发射，2008 年南方的雨雪冰冻灾害、北京奥运会和纪念改革开放 30 周年大会，2011 年中国共产党 90 岁生日，每年的两会……

先生不仅关心国家的发展，而且十分关注与国家相关的外部环境。2008 年 4 月 4 日，先生写道：

从电视上得知，台湾地区领导人选举落幕了，马英九上任，两岸三通即可实现……"三一四"事件的真相越来越清楚，美国有股邪气，支持达赖，十分可气。奥运圣火已由北京传向世界各地，中间会不会发生不测令人担忧。善良的人们期盼和平安宁，但是坏人总是要挑起事端。

2011 年 7 月 18 日，先生写道：

奥巴马接受达赖到美国访问。9 月他要对台军售，他凭什么干涉中国内政？他还支持越南、菲律宾，在我国的南海胡闹。可是他又口口声声和我们讲互利共赢，他行动上又玩另一套，这是美帝的本性，永远不会改变。中国人一定要发展军力，年轻人责任重大，当亡国奴的滋味是悲惨的。

"位卑未敢忘忧国"，这是中国知识分子爱国情怀特质的典型写照，而先生正是深怀爱国情怀的当代中国知识分子的典型代表。

做学问之前先学会做一个好人

1992年初夏，我随王汉澜先生到沈阳师范学院参加一个全国性的教育学术年会。会议开始前，一位身材高大、头发花白、面容严肃、身着浅灰色夹克和深灰色裤子的中老年教授，昂首挺胸地走进会场，边向会场里的人点头致意，边径直走到一个单人沙发上坐了下来，头略上仰，目不斜视盯着前方，一言不发，浑身散发出一股凛然正气。这就是孙喜亭先生。我看到先生之后，心中油然而生敬仰之情，也从心底升起了一种亲近感。于是，我就跟王汉澜先生说我想读孙先生的博士，并请他帮我引荐。

会议的第二天晚上，在孙先生房间，我和孙先生进行了第一次谈话。孙先生见到我之后，一点都没有会场上的严肃。他和蔼可亲地和我握手，请我坐下，给我倒了一杯热水。当我向他表明心迹后，孙先生非常爽快地答应了，但是也非常严肃地告诉我说，报考的人比较多，要通过考试公平竞争。

此次见面后，我又给孙先生写了一封信，再次表达了师从先生的强烈愿望。一个暑假过去了，先生那边却杳无音信。九月下旬的一天，惴惴不安的我终于接到了先生的回信。他在信中说，暑假里在校园中不慎从自行车上摔下来，右腿骨折，一直在家休养，没有及时看到我的信，回复晚了，深感抱歉，云云。

看到先生的回信，我百感交集，突然萌发了一个强烈的念头——去北京看望一下先生。于是，我马上启程。坐了一夜的火车后，在先生家里我第二次见到了他。

先生看到我之后满脸欣喜。他拖着不方便的腿让我进门坐下，又去倒了一杯水。简短地寒暄之后，他就像面对一个熟识的人一样，敞开心扉地跟我聊起教育学界的人和事、他以往的求学和工作经历、专业考试的要求……。一个上午在我们愉快的聊天中不知不觉地溜走了。我依依不舍地辞别先生，走在北京师范大学的校园里，正午的秋阳透过疏密相间的杨树叶洒在我的身上，暖暖的，暖暖的，一直暖到我的心里。看着挺拔的杨树，我忽然明白，原来先生在用巧妙的方法，教我读书之前先学会做人。

入校之后，先生又跟我谈了很多他在"文化大革命"中的遭遇、在不同地方讲学的经历、教育科学研究应有的立场等。在他看似不经意的谈话中，我渐渐地明白了应该怎样去做一个立场坚定、人格独立、道德良好的人，应该怎样明辨是非、怎样宽容大度、怎样坦然处世、怎样善待他人……。而这一切，不正是先生高尚人格的折射吗？

先生患病后，很多人多次去看望他，其中有黄济、王策三、顾明远等老师辈的先生，也有他的同学、朋友、同事、学校的工作人员，还有我们这些学生。无论是谁来看他，他都心存感激和感动，在日记中写下来。比如先生在 2007 年 1 月 19 日的日记里写道："黄济老师 86 岁了，蹬着三轮车来看我。……他多次看望，我把他的关怀记在心里。"先生虽然行动不便，却始终有一颗关心他人的心。单位一位患有心脏病的同事去看望他时，他看到同事一脸病容，就在日记中写下"我应当关心她。"对医生、护士，以及在他不方便时施以援手的学校保安人员，先生也会在日记里写下他们做的好事和真诚的感谢话语。我在整理先生的日记时，常常为此而感动。透过多次出现的"感谢"二字，我再次看到了先生高尚的人格和感恩谦和、关爱他人的做人原则。

抱定鲜明立场和个性从事教学和科研

日常生活中为人谦和的孙先生，在是非问题和治学态度方面，却有着鲜明的立场和个性。

在 20 世纪 50 年代末的反右倾运动中，孙先生因为发表"不合时宜"的独立见解而被批判，在"文化大革命"中又进了劳改队。种种不公平待遇并没有让他失去坚定的立场和独立的人格。面对社会上的各种歪风邪气，先生从不趋炎附势，也没有垂头丧气或牢骚满腹，他总是表现出坦坦荡荡、不卑不亢的君子品质。

在教育学术研究上，先生崇尚精神自由，追求独立思考，强调问题导向，在课堂教学和科研成果中多有不同于他人的真知灼见。他坚定自己的教育研究立场，绝不苟同。对于一些非议，先生坦然面对，淡然处之，毫不在意，因为他坚信自己的学术观点是有科学依据和实践基础的。

先生做学问，坚持"不追风，不迎合，只求真，不看人"的鲜明个性。他的文章特色就是用十分明快的语言准确地表达自己的学术观点和明确的学术立场。与持有不同学术见解的人商榷，是学术研究的一个普遍现象，但先生从不写带有"与某某人商榷"字样的论文。在他看来，教育学术领域中大家有话直说、各抒己见是最好的。不同意别人的观点，可以写文章发表自己的看法。在求真的标准下，对谁的观点——不论他职务高低、年龄大小——都可以大胆进行质疑、分析和讨论，但是要"对事不对人"。由于先生经常提出与人不同的学术见解，他的不少观点也经常被其他同行质疑和批评。我曾请教先生，是不是可以写文章进行反驳或做一些解释。先生却总是笑着摇摇头。他常说的一句话是：随他去吧。看似轻描淡写的四个字，却折射出先生一贯欣赏和遵从的思想自由、学术民主的优良学风。他是在坚持自己独立的学术人格的同时，也同样对待别人。别人批评或质疑了自己的学术见解，就马上去辩解、去争执，岂不是侵损了别人独立思考的自由和追求独立学术人格的权利？而对于别人的质疑和批评，先生则会认真地考虑，对问题做进一步的研究，发表自己新的认识和思考。这体现出先生对同人的尊重和对不同学术观点的重视。

先生在指导学生科研方面，倡导学生独立思考和研究，独立表达自己的学术观点，从来不和学生做形式上的合作研究，更不会在为学生修改文章之后，和学生一起署名发表。在修改我们的学位论文时，他都会把我们在后记中写的对他的感谢之言一一划掉，用先生的话说就是"论文是学生独立思考和研究的结果。指导学生是老师的本分，用不着也不需要感谢"。我至今牢牢记得先生教我写文章的"诀窍"："写别人没有写的文字，说别人没有说过的话，当然是最好的。即使别人写过的问题，说过的话，你仍然可以写，可以写别人文章中不足的地方，也可以换个角度写。"这其中不正饱含着先生对学生独立学术人格、鲜明学术个性的期望吗？

立场明确、个性鲜明、追求自由、恪守民主、倡导宽容、相互尊重。先生的学术风格，为教育学人严谨治学树立了一面明亮的镜子，为北京师范大学这所百年学府坚守正道谱写了一曲经典传奇。

用一生证明人在本质上是意志生命

先生一生经历了不少坎坷，然而却始终坚定自己的志向，在人生道路上勇敢前行，坚强的意志在其中发挥了关键作用。先生用其一生证明了一个道理：人在本质上是意志生命。

先生一生酷爱求知。考取了河北省正定中学后，为了解决住宿问题，他连续两天来回步行 40 里路，将家中的床板、床凳搬到学校；为了解决吃饭问题，他每月步行回家背玉米、小米，送到学校充当粮资。在反右倾运动和"文化大革命"期间，先生遭受了种种不公正对待，但他坚强而坦然地接受了来自方方面面的严峻考验，最终迎来阳光普照的新时代。他就是这样，用坚强的意志掌握着自己的命运。

2003 年 9 月 17 日凌晨，先生不幸罹患脑梗死，从此口不能言，手不能写，连饭也不能自己吃。眼睛虽然能观看，大脑虽然能思考，但是却无法用语言和文字表达自己的思想与情感。这对于以教学和科研为人生旨趣的老人来说，是多么痛苦的事情！可是，先生却凭着坚强的意志，生活得越来越好，幸福地度过了 15 个春秋。

在师母苏金璋先生以及其他众多亲人、老友和弟子的支持、帮助、鼓励下，先生于 2005 年开始练习用左手写字，并持续地写到了 2013年。不但字越写越好，还给我们留下了五万余字记载他病中生活的日记。

除了左手写字之外，先生还锻炼独立行走、独立洗澡等生活能力。有一次我去看望先生，他刚穿好衣服准备起身。我要搀扶他去客厅的椅子上坐下，他却连连摇头，一定要自己走。他先把拐杖往前面放一放，用左手支撑着拐杖把左腿往前挪一步，然后再缓慢地把不能行动的右腿往前拉，就这样，一小步、一小步地挪到了椅子跟前坐下。我看着先生艰难前行的样子，眼里虽噙满了泪水，但心里却十分高兴。敬爱的先生就是这样一天天坚强地挪着腿，慢慢走着，终于走出了越来越硬朗也越来越灵活的身体。2005 年 11 月 17 日，先生搬进北京师范大学小红楼的新居。他在日记中记录了自己在家人的协助下，手抓栏杆一步一步走进新家的心情："能走上来，还是给家人一份喜悦。愿新居焕发我的精神，给我力量，让我进步。"

对于年逾古稀、不能言说的老人来说，能够如此顽强地生活，中间得经受怎样的辛苦啊！在锻炼的过程中，先生不止一次地摔倒过、磕伤过，但他从不言弃。作为教师，他一生教育学生无数，但在生命的最后阶段，他经常做的是"自我教育"。在整理他的日记的过程中，我透过老人"自我教育"的文字，看到的是一个高大、坚强的意志生命形象——

努力改变能够改变的，坦然面对无法改变的，在噩运中永不沉沦，在绝望中获得新生。

不愿意走路，要强制自己多走。皮肤病很痒，要忍着不抓。药不好吃，要强制自己吃。有些食物对身体有好处，就要接受。一切都要分辨对与错、是与非、益与害，按正确的做，靠理智生存，这样就少一些傻气，多一点聪明。

苦不苦，想想红军长征两万五；练不练，想想为国争光的运动员。我要想活得好一点，就不能每天躺 14 小时、坐 10 小时，要增加走动。我还是要多练，不能怕苦。

今天是 2008 年元旦。在新的一年里，我要克服一切病痛，长本事，日日夜夜季季平安，少给家人添麻烦！我的誓言！

这，就是我的恩师！一位爱国情深的中国知识分子，一位个性鲜明的教育学者，一位意志坚强的老人，一位谦和可亲的普通百姓……

先生，您是学生人生中永远的榜样！

（王卫东，广州大学教育学院教授）

此声只合静中听

——追忆恩师王炳照先生

先生小传

王炳照（1934—2009），河北景县人，北京师范大学教授，主要研究方向为中国教育史。1955年考入北京俄语学院读书，两年后转入北京师范大学教育系学习，1961年本科毕业后进入北京师范大学教育系第一届中国教育史研究生班学习，毕业后留校工作。曾任第三届、第四届国务院学位委员会教育学学科评议组成员，中国教育学会学术委员会委员，中国教育学会教育史专业委员会副理事长，《教育学报》主编，《教师教育研究》《教育史研究》副主编等职。主要作品有《中国古代书院》《中国教育思想通史》《中国书院史》《中国教育制度通史》《中国私学·私立学校·民办教育研究》等。

先生箴言

每一个学科都有自己服务的一个领域，不能要求所有的学科都归到一个方面去，这也影响到我们学科的发展。我们感觉作为教育学的一个分支学科，教育史学科现在成果很多，力量也已经相当不错了，就想进一步扩大自己的势力范围，这不很现实，我们自己要心里非常明白，教育史学科它再冷也冷不到哪儿去，再热也热不到哪里去。明白这样的道理，我们自己心里也平和一点，我们应该把能做到的事情做好。也许，像陈元晖先生多年执著探索哲学、心理学那样，是为了寻找将教育学托上天空的彩云，而我们研究教育史，同样也是找寻那朵将教育学托上天空的彩云，仅此而已。

"不思量，自难忘"，恩师王炳照先生已离开我们整整十年。先生在时英东楼前那参天的白杨已被碗口粗的杜仲所代替，他熟悉的英东楼也变了模样，灰色水泥遮去昔日外墙，楼门入口处换上大幅玻璃幕墙，上面装饰着暗红色各式字体的"教"字，原本办公室泛着岁月光泽的黄色门亦统一换为暗红色防盗门。对于一届又一届的新生来讲，王炳照先生只是他们入学时数本口述史之中的一位主人公而已。作为《王炳照口述史》的整理者，作为先生的弟子，偶尔会被好奇的学生们问起，传说中的先生是什么样子？

喜欢讲故事的老头

面对学生们的询问，"一个擅长讲故事的老头"——我的这句回答常常会激起他们更大的好奇心。或许，我的几位师兄对先生"子温而厉，威而不猛，恭而安"的评价更符合学生们心目中的资深教授形象。我从先生游整整七载时光，先生印象，于我，却是一个又一个好玩又耐人寻味的故事重叠在一起。他喜欢讲故事，喜欢谈论逸闻趣事，喜欢臧否人物，旁征博引，幽默中更见真性情，自有一份独特的魅力。而且，先生讲故事时总是不时点上一支烟，谈到兴奋处哈哈大笑起来，孩子般的可爱，具有很强的感染力。

先生的博闻强记是出了名的。作为一名研究教育史的资深教授，他经历的好多事情都慢慢演变成他口中的一个个生动的故事。作为一个来自"我们县基本上是河北省最穷的县，我们村又是县里数得着的穷村，我们家差不多是村里最穷的家"的"三穷"农家子弟，兄弟众多加上父亲早逝，能一步步到北京读大学、上研究生班，其人生经历堪称传奇，但在先生口中只是"机缘巧合"。先生多次讲起他在冀县中学度过的峥嵘岁月，不仅有寒暑假一天一夜徒步160华里的"急行军"，"学生们拉成一串边走边睡"，也出现过"领头的困了把整队人马都带到沟里"的糗事，还有"硬纸板垫在磨得很薄的棉鞋底抵御雪寒""第一碗饭要装半碗才能吃到第二碗"等"生活智慧"。在先生绘声绘色的讲述中，学校周末的包子、红烧肉成了写意的"饕餮盛宴"："最让人神往的是星期天，学校按照解放区的传统改善伙食，中午是肉包子或红烧肉，每周轮换，且是不限量供应。这对于肚子里少见油水的我们，无异于是天下最美味的佳肴。每到星期天，早饭肯定不能吃，要留着肚子，中午吃到撑得走不动，晚饭就免谈了。大包子我能一口气吃五个，同学中最高纪录是九个；红烧肉专门挑肥的，眼睛都不眨一下，满满一大碗红烧肉就进肚子里了。每周大餐后，同学们三三两两地，夏天找稠密树荫，冬天找向阳的麦秸垛，艰难地躺下，双手摊着，一动不动，一直躺到漫天星斗。"如此快意人生，哪里有半分物质匮乏带来的灰暗？

这种苦中作乐，是先生喜欢笑、喜欢在轻松幽默中说明自己的想法的真实写照。我印象很深刻，在协助先生做口述史期间，他便和我明确了体例，他希望将这种风格在口述史中体现出来。记述过程很是轻松，随着先生的讲述，我仿佛穿行在历史故事的隧道中，一路行来，既有20世纪30年代冀北农民生活的窘迫，也有贫瘠童年生活中的些许快乐，捋榆钱、摘槐花、给家里大公鸡捞蝌蚪、去姥姥家、偶尔喝上牛肉汤等，还有农家子弟求学路上的种种艰辛和偶然。一路行来，激昂的《馒头歌》、班里放满生产工具等故事的徐徐展开，使得消逝在岁月中的青春逐渐青葱、鲜活起来，先生甚至打着节拍哼唱了起来。背影日渐模糊的邱椿、邵鹤亭、毛礼锐、陈景磐、陈元晖、邰爽秋等研究生班导师群体影像慢慢清晰，老先生们独特的精神风貌卓尔不群。在故事里，不少我熟悉或不大熟悉的先生们迎面走来：卢乐山、黄济、顾明远、吴式颖、王策三、厉以贤、孙喜亭……；较先生年岁稍小的王善迈、靳希斌、林崇德、王英杰、劳凯声等；还有先生研究生班的老同学——苗春德、苏渭昌、雷克啸、陈德安、宋元强、邱槿、何晓夏……；还有河北大学的滕大春、阎国华，华东师范大学的瞿葆奎、李国钧、孙培青、江铭、张惠芬和郑登云等，厦门大学的潘懋元，浙江大学的田正平；还有周洪宇、杜成宪、刘海峰、刘虹、阎广芬等教育史领域的中青年学者……。先生如数家珍，津津有味地讲着他们之间的交往、他们之间发生的逸闻趣事。这些原本不在我们计划之中，先生谈得兴起，我也听得耳热，常常不知不觉，已是万家灯火，夜幕降临。这时候，师母催先生回家吃饭的电话会适时响起，我便自然而然到先生家里蹭饭。晚饭后继续开谈，有时候师母也会加入进来，饶有兴趣地回忆他们共度的峥嵘岁月、苦乐人生。我常常产生一种错觉，我不是在整理老师的学术人生，而是在做一部浩大的中国教育学百年史，他们的故事在口述史中得以延展。

整理口述史的过程是艰辛的。口述史虽是以讲故事的形式呈现，前期已有一定的积累，整理成文的进展还算顺利，但成文后对史料的核对和确认，先生一丝不苟，是以一种史学家的严肃态度来对待的。有时候为了核实一个资料，常常要查阅大量的文献。我印象最为深刻的是，对

本文作者与王炳照先生

于他的本科阶段和在研究生班阶段，他说时日久远，记忆难免会有出入。特别是研究生班，他说当年北京师范大学全校共招收研究生 39 名，他们班占 20 人，该年正式实行导师个别指导制，有很多开创性的做法，这段历史值得后人研究，不可马虎。他要求我抽时间到北京师范大学学校档案馆核查 1960—1965 年教务处、校长办公室和党办的相关卷册。起初我对这个做法有点不解，嘟囔："这哪里是在写口述史，就是在写论文啊！""口述史不就是有个人色彩较浓、不大容易客观的特色吗！"，先生笑笑，说："从我们这里尝试着做点改进吧！"这个尝试背后，我体会到的是一位老教育史工作者对新的研究方式、教育史学科发展的执着追求。

鹦鹉救山火：教育史学科地位

先生作为教育史领域的资深教授，对自己浸润五十年之久的学科有着清醒的认识。2006 年在古城西安召开的中国教育学会教育史分会第十届学术年会闭幕式上，面对会议期间大多数青年教师、学生对教育史学科的困惑、迷茫和无奈情绪，如课时遭到压缩、在学科中被"边缘化"、不受重视、申报课题不易、吸引不到优秀生源及毕业生分配困难等，先生受邀发言时说："我给在座的各位讲个胡适先生讲过的故事。森林着火了，里面居住的动物一边向外逃，一边抱怨，怎么这么倒霉。一只鹦鹉却匆忙往返于溪流和森林间，将自己的翅膀沾上水，飞到着火的森林上空，将翅膀上的水抖落。一次又一次，尽管尽可能小心振翅，但每次能运回来的水却是寥寥，甚至只有几粒水珠。面对动物们的不解，鹦鹉这样说：'我但求心安。'"他说他这么多年一直从事教育史学科的教学和研究工作，对教育史学科存在的问题、大家讲到的体会都能感同身受。"但我现在能做的，便是像那只救山火的鹦鹉，停止抱怨，能做多少算多少。"先生讲完，台下掌声雷动。

当天会议闭幕后，我和几位青年学子一起陪同先生走回宾馆。路上，有位青年才俊说他很受启发，一定要牢记王先生的话，咬牙坚持，相信一定会迎来教育史研究的春天。先生听后，先是嘿嘿一笑，然后就说："我可不这么认为。"我们几个一下子就被吊起了情绪，很热切地期待先生进一步解说。他慢悠悠地说出一番话，让我们陷入沉思。他认为大家口中的教育史学科面临的尴尬状态，是人们对其学科性质、定位的认识产生了问题。每一个学科都有自己服务的一个领域，现今人们看待、评价一个学科，很容易受功利性影响，要求这个学科面向教育现实，如果不能在这个方面发挥作用，那么这个学科就没有价值。在现实中，人们常有意无意地强调学科能够影响国家教育发展的重大决策和参与现实问题的解决，还有的是生搬硬套、牵强附会，研究的是教育史，脑子里比附的却是现实中的问题，常常出现用历史上的东西来附会现实问题，这违背了教育史研究的最基本的宗旨。教育史的学科性质决定了它不可能和现实联系得这样紧密，不可能起到主导性作用，能起到辅助作用就是顶点。教育史学科作为教育学科中的一个基础学科，是要培养一个教育工作者的基本素养，帮助他去观察和思考现实问题，而不是帮助他去直接解决现实问题。如果大家能意识到这一点，教育史学科就会很主动、很自如，也不用担心被人看不起，就不会再妄自菲薄，说教育史学科萎缩什么的。其实搞教育工作的人，不管是从事理论工作还是实践工作，都需要掌握一点教育史知识。总要求它参与国家教育决策、参与现实问题的解决，那就偏离了教育史学科的基本定位。先生笑眯眯地讲着，语气始终和缓。他说作为一个基础学科，教育史再热也热不了哪里去，再冷也冷不到哪里去，明白了这个道理，自己心里就会平和一点，我们就能把能做的事情做好。他认为研究教育史，应该像他的老师陈元晖先生多年执着探索哲学、心理学那样，是为了寻找把教育学托上天空的彩云，他研究教育史，同样也是在寻找一朵把教育学托上天空的彩云，仅此而已。至今仍深深记得，我们在听完先生的一席话后，是在非常沉默的氛围中走回宾馆的。先生对教育史学科的定位，改变了我们一群自以为"干什么要吆喝什么"的教育史后学。

吾生有涯愿未尽

2009年7月下旬，先生被查出患有恶疾，随即住进北京肿瘤医院。原本先生在这个暑假是要编选"陈元晖教育文集"的，并借此完成他多年的心愿——写一本《中国教育学史》。先生还给我分了打下手的任务，让我负责收集、扫描和转录资料。令我没有想到的是，日益衰弱、缠绵病榻的先生，却让我将厚厚三本《陈元晖文集》搬到他的病床边，此后，他利用夜半时分刚输完白蛋白有点精神的空档，勾选文集入选文章，列出四个分类项目，还强打精神给我一遍遍讲述他的心愿。无数次泪眼婆娑中，我记下先生断断续续的语句，并把它们整理到 2010 年人民教育出版社出版的先生文集《寻找把教育学托上天空的彩云》中。

我印象最深的，是先生对《中国教育学史》的"两重困惑"。他的第一重困惑为："在教育史界，由于长期没有明显的学科分化，大家一直致力于教育本身发展历史的研究，而实际上教育史所研究的对象和内容，一部分是教育活动本身的发展演变，大部分却是历代教育家对教育认识的发展演变。因为研究教育活动本身的历史所能够依据的事实十分有限，只能依靠大量前人遗存的文献，而这些文献除直接记录着教育本身的事实之外，更多的是前人对教育的认识。但是，这些文献在多大程度上能够反映教育活动的真实情况，是需要检验的，而检验的客观依据又往往是不足的。而一旦将文献研究误以为就是研究了教育本身的历史，常会带来许多不良的后果。对此，我常常困惑。"先生认为，陈元晖先生最初提出"教育学史"这个概念，其初衷是希望写一部中国教育学史，从学科层面上厘清中国学者对教育的认识的发展历史。陈元晖先生说："先做好一头一尾，中间的能做多少就算多少，剩下的由你们来做。"之后郑金洲、瞿葆奎先生的《中国教育学百年》从近代中国教育学科初创开始，用元教育学的视角对学科的发展进行分析，可以视为是对陈先生提出的"教育学史"的继续探讨。但是中国教育学史研究依然有很多问题。先生的"第二重困惑"由此而生："最突出的问题就是教育学以独立的学科形态出现是从近代开始的，在此之前的古代教育学如何定义与表述？由于没有标志性的概念，在历史文献中虽然有教育名篇，但是没有形成有体系的教育著作，教育学也没有形成独立的学科发展状态。而且最著名的教育家未必有教育学的专著：董仲舒、王充、朱熹、王阳明等人的著作不能理解为教育学论著，近代的著名教育家蔡元培、陶行知也没有代表性的教育学著作。这些如何定位？如何将他们对教育学的认识归纳到系统的教育学史中去？对此，我仍然困惑。"先生罹病期间，依然抱着幽默风趣的心态，将生病说成是又一次"巧合"，说这次生病给他一个机会，让他得以推开手边所有杂事，以编选陈先生文集为契机，推进《中国教育学史》的撰写工作，"假如将来身体允许，我还希望能将陈先生这个心愿继续下去，能将《中国教育学史》向前推进一些，哪怕一小步；至于能否完成这个陈先生的未了心愿，能完成多少，不好妄求，要看马克思什么时候让我去报到，我服从'组织分配'"。他希望"教育学界摒弃浮躁、功利的心态，青年学者能奋起担当，树立起历史辩证的学风"。

让我最难以忘记的是，先生病中数次叮嘱我，"我已答应人家出版社了，不要欠账啊"。他很动情地一遍遍讲着他和陈元晖先生之间浓厚的师生情谊，讲着陈先生晚年对他的嘱托，讲着他"寻找把教育学托上天空的彩云"的期望，讲着他病愈之后的计划……先生10月5号遽然离去，作为弟子，唯有完成先生所托来化解悲痛。在黄济先生、吴式颖先生、刘立德兄等人的帮助下，我代先生编选《陈元晖教育文集》，并联系上陈先生夫人，请她修订了"陈元晖年谱"。这套由顾明远先生任主编的教育文集，已在2011年由湖南教育出版社出版。我在后记中，将协助先生做文集的心路历程拉杂记下来，借此深深怀念我的恩师，还有恩师的恩师陈元晖先生，算是薪尽火传吧。

吾三生有幸，得遇先生。

（周慧梅，北京师范大学教育学部副教授）

学术研究走世界　教书育人求特色

——纪念导师周南照先生

先生小传①

周南照（1942—2014），江苏无锡人，著名国际教育家，比较教育学家，华东师范大学教授。曾任联合国教科文组织亚太国际教育与价值教育联合会会长，中央教育科学研究所副所长和学术委员会委员，华东师范大学国际教师教育中心首任主任等。参与起草联合国教科文组织报告《教育——财富蕴藏其中》，主编"走进学习时代丛书""国际教师教育丛书"等中英文系列丛书，出版《终身教育引论》《教学电视》等译著和《教育英语文选》《英汉教育词典》《中国教育竞争力国际比较研究》等著作。

---

① 先生小传由国家教育发展研究中心熊建辉研究员撰写。

先生箴言

　　学会求知、学会做事、学会共处和学会做人，是互相联系、互相渗透、不可分割的一个整体。如果说前两者更多地是在传统的教育中充实了新的内容，那么，后两者则是着眼于21世纪以人为中心的可持续发展而提出的全新教育目标。所有这四种学习，既不限于某一人生阶段，也不限定于家庭、学校、社区等某一场所。它们正是建立未来终身学习社会的四大支柱。

周老师离开我们已有整整五个年头了，但每当我们谈起母校（华东师范大学）、经过母校或乃至见到母校名字的时候，每当有人问我是在哪里读的博士以及导师是谁的时候，每当我见到建辉、熊淳等师兄师妹的时候，每当我看到"国际与比较教育"几个字的时候……都会情不自禁地想起我亲爱的导师——周南照先生。

人迟早都要走的，但能给社会、给后人留下宝贵精神财富的人是伟大的和不朽的。在我们的眼里，周老师就是这样一个人。他为中国的英语教育、教师教育、比较教育、农村教育等做出了自己特有的贡献，他对学生的专业发展产生了深远的影响。如果说若干年后学生仍能清晰地记住老师的教诲细节，那么这些内容肯定是教诲的精华，具有普适性和可复制性。我想把我至今仍然记忆犹新的几点描述出来，一方面是供大家参看，另一方面是为了纪念周老师。

重视外语在比较教育学中的重要性

我还记得 2006 年 4 月份我在华东师范大学参加博士生面试时的情景：周老师西装革履，和颜悦色。他全程用英语进行面试，问我为何要从语言学转入教育学、如何看待跨学科研究。后来，我知道了周老师提问的两个用意：第一，他想了解我的英语口语能力。因为他知道他带的博士生今后要积极参与许多国际学术会议和国际学术交流，并从中进行学术磨炼，最后得到学术成长。果然，后来周老师安排我做了不少跟英语密切相关的学术工作：翻译会议论文摘要和作者简介；在一些平行会议（parallel session）或全体会议（plenary session）上做些口译工作；把国外优秀论文和学术著作翻译成中文。第二，他想知道我对跨学科研究的看法以及今后我如何进行跨语言学和教育学的研究。周老师认为，博士生如果没有学术发展前景，对国家和个人都是一种资源的浪费。周老师还知道国外学术界是非常鼓励跨学科研究的，因为跨学科研究结合了两个学科的优势，容易突破学科的藩篱，从而具备新视野、发现新领域和获得新发现。例如，现在的许多医疗设备，如电子计算机断层扫描（CT）设备和核磁共振仪（MRI）都是当初国外一些计算机专业的人去考医学博士后从事跨学科研究取得的成果。

后来，我发现周老师自己的本科专业是英语，还曾担任过高校的英语教师，然后在美国获得比较教育学的硕士和博士学位。他自己的学习和工作经历使他深刻地认识到外语（尤其是英语）对于比较教育学研究的重要性：没有良好的外语（尤其是英语）水平，难以走向世界、了解世界和研究世界，最终会影响学术生涯的发展。于是，周老师在华东师范大学招收的绝大部分博士生本科都是外语（英语和日语）专业（如熊建辉、张治国、熊淳、陈德云、吴学忠和刘常庆），仅有两位（即何美和马毅飞）不是，但她俩的英语水平都很高。周老师后来跟我们说，做比较教育不能不懂外语，而且外语还要好，这样才能了解国外的教育，从而进行深度的国际比较教育研究。

周南照先生赴法国巴黎出席联合国教科文组织会议

至今，我仍然非常感谢周老师当初把我招入门下，并鼓励我进行跨语言和教育政策的研究。从此，我就走上了语言教育政策研究的学术道路，这也是中国学术界较为薄弱、亟待发展的一个领域。这些年，我本人在这一领域的研究也小有成就，如获得并完成两个有关语言教育政策的国家社科基金项目，基于博士论文的著作《中美语言教育政策比较研究——以全球化时代为背景》获"上海市第十一届教育科学研究优秀成果一等奖"。这些都与周老师的教育和鼓励分不开。

我非常佩服周老师的招生标准和眼光：强调和重视外语（尤其是英语）以及跨学科研究。事实上，在全球化的今天，外语（尤其是英语）不仅在比较教育领域很重要，在许多其他学科中也都具有举足轻重的作用。同样，跨学科研究不仅在比较教育学中流行，在不少其他学科中也是受到鼓励和重视的。

周南照先生与华东师范大学师生在一起

崇尚比较教育研究的国际性

我是 2006 年 9 月进入华东师范大学攻读博士学位的。报到的第一天，周老师就给我安排了不少翻译任务——把同年 10 月份即将在华东师范大学召开的大型国际会议的英语学术论文摘要及相关材料翻译成中文。在这次会议上，我首次阅读了如此大量的有关比较教育的学术论文，接触了许多来自世界众多国家的专家学者，聆听了各色各样的英语发音和各种各样的学术观点。这次的参会经历使我深深地认识到如下三点：第一，学术研究要有国际视野，"闭门造车"难以持久发展。要丰富自己的国际视野，就必须经常参与国际交流和国际合作。第二，周老师能力强，英语好。会议期间，他每天要接待不少来自海内外的学术大家和教育界的行政领导。此外，他还要协调会议事务，并在会前、会中和会后讲述中国教育的故事。他流利的英语帮他扫除了国际交流中的语言障碍，并树立了良好的个人形象。第三，高端的国际学术会议是很好的学术发展平台，它可以让我即刻领略到学术大师［如周老师的导师、美国波士顿学院的阿特巴赫（Philip G. Altbach）先生］的风范并了解学术前沿。此次会议之后，周老师问我组会和参会的感受，并催促我把一些观点独特并有助于中国教育发展的文章全文翻译成中文，然后投稿发表。

后来，我发现周老师每年都要在国内主办一两次国际会议，几乎每个月都要参加国内外的相关学术会议。他每年要花不少时间在国外参加学术交流活动，如非洲、欧洲、美洲……，我们都称他是"空中飞人"。每当周老师在国外参会的时候，他都会把国际上的学术走向及相关资料通过电子邮件发给我们，并敦促我们了解世界学术的发展趋势，寻找中国教育的发展之路。此外，周老师还鼓励和帮助他自己指导的硕士生和博士生积极参与国际会议（如2008年他让所有的硕士生和博士生都去泰国参加联合国教科文组织亚太教育创新为发展服务年会）。时至今日，去泰国参会的亲身感受和遇到的学术趣事我还记忆犹新。

逐渐地，我还发现，周老师具有非常丰富的海外经历（如留学美国数载、海外工作多年），他还具有极其宝贵的国际资源：他结交了许多国际同行朋友，只要他主办会议并"振臂一呼"，世界许多国家及国际组织（尤其是联合国教科文组织）的专家和官员都愿意出席，他参与撰写的联合国教科文组织报告《教育——财富蕴藏其中》至今行销世界各国、经久不衰。

周南照先生代表联合国教科文组织国际农村教育研究与
培训中心和非洲能力建设国际研究所签署合作备忘录

培养学生道德与学术发展的自觉性

著名的教育家陶行知先生曾说过：学高为师，身正为范。周老师
一向不好为人"师"，但他的一言一行都为学生树立了榜样，成为了
模范。周老师的模范体现在四个字上：忙、勤、情、国。"忙"体现
在周老师身份多①、会议多、事务多、调查多、课题多。每次我去他
办公室都见他在伏案工作或与人会谈，每次我跟他通电话时，他要么
在外地出差，要么在国外开会，他是一个大"忙"人。"勤"体现在
周老师从来没有上班与下班之分，也没有周末和寒暑假的概念。有一

① 如周老师是华东师范大学博士生和硕士生导师、华东师范大学国际教师教育中心主
任、联合国教科文组织亚太国际教育与价值教育联合会会长、联合国教科文组织产学合作教
席、联合国教科文组织国际农村教育研究与培训中心主任、中国联合国教科文组织全国委员
会顾问等。

天晚上，我为了准备周老师布置的会议材料工作到凌晨两点多，当我把准备好的材料发到他邮箱后，没想到立即收到了他的回复。这说明他那时也还在工作，后来我才知道他经常工作到深夜。"情"体现在周老师对身边人的关怀上。例如，尽管周老师很忙，但他每年都会定时回无锡老家看望他年迈的姐姐，这让我感到周老师是一位有情怀、有温度的人。再如，他从国外开会回来时常会给我们带些小礼物（如巧克力）。他的这些举动让我们感动，也让我们感到他很亲切。"国"体现在他的研究和工作都有国家情怀，他衷心希望他和他的研究团队能为国家的教育事业做些有用的事情，如通过国际会议促进我国教师的专业发展（尤其是教师专业标准的制定）、职业教育的发展和农村教育的发展。另外，我们在写文章和确定选题时，他常问我国在这方面的发展状况如何，我们的研究是否有利于我国的教育事业发展。

　　周老师在培养学生的学术能力方面也很有自己的特色。他在指导学生的论文写作时只在宏观方面把握方向，从不在微观方面婆婆妈妈。例如，我在确定博士论文选题时，跟周老师说："我的博士研究方向是中外教育政策与领导，我的学士和硕士阶段的专业是英语语言文学（语言学研究方向），而且，我一直在外语界进行教学和研究，所以，我的博士论文必然是跨学科的，但也不能脱离语言，这是我的基础，也是我的事业，还是我的特色或优势。"于是，我最后选择了"全球化背景下中美语言教育政策的比较研究"为博士论文题目。周老师听了之后，没有任何反对意见，而且非常支持我在语言教育政策方面的研究。正因为周老师的支持，我可以"肆无忌惮"地进入语言政策及语言教育政策领域，这为我后来一直到现在的科研工作提供了巨大的发展空间。周老师之所以能做到"宏观把握、微观放手"，是因为他认为博士生如果连标点符号、语言文字及学术规范都不会或不懂，这还叫博士生吗？再说，博士生导师个个都公务缠身，若事必躬亲，则容易顾此失彼。他认为导师的指导不在多，而在精和对。而且，导师对于学生的一些小细节如果管得太多太严，反而容易束缚学生的思维，学生也难以进行批判性和创新性的研究。

不过，周老师非常注重对学生学术生活的引领。例如，他在联合国教科文组织巴黎总部开国际会议期间给我买了联合国教科文组织关于多语言和多文化政策的书籍；他把他在联合国教科文组织亚太地区办事处（泰国曼谷）工作期间编辑的有关书籍提供给我看；他几度让我参与他在北京和上海主持的国际会议；当我在美国访学时，他引介我拜访美国国家教师专业教学标准委员会（NBPTS）在华盛顿的总部，会见了NBPTS主席，以便获得更多的资料和信息。他认为只要学生有良好的学术生活，学术能力自然就能得到提高，出学术成果是迟早的事情。

周老师严谨务实的研究精神、孜孜不倦的工作态度、诚恳朴实的为人处世风格都让我刻骨铭心，他润物细无声式的教育使我终身受益。衷心感谢周老师所给予我的一切关怀、指导和帮助！现在回想起来，周老师为我们所做的点点滴滴都体现了大智慧和深思考。我们纪念周老师最好的办法就是继承和发扬他的学术研究理念与教书育人的独特方法。

恩师难忘！

（张治国，上海海事大学外国语学院教授）

后　记

2019 年是中华人民共和国成立 70 周年。在这个喜庆的年份里，人们总是不由自主地回顾历史和展望未来。70 年来，在中国共产党的正确领导下，中国人民在国家建设和社会发展上走过了不平凡的道路，虽遭遇了各种各样的挑战，但最终克服了重重的困难，自力更生，奋发图强，在经济、文化、科技、教育、卫生以及其他诸领域取得了举世瞩目的历史性成就，人民群众的生活水平也得到了前所未有的改善，为中华民族的伟大复兴奠定了坚实的基础。

70 年来，中国的教育事业发展也取得了历史性的成就。教育在社会主义现代化建设中的基础地位和关键作用得到广泛认同，科教兴国和教育优先发展战略得以坚定实施，学前教育、义务教育、高中教育、高等教育以及特殊教育、成人教育、网络教育和终身学习等各种教育形式都获得了长足的发展，各级各类教育的公平和质量都有较大幅度的提升，国民思想道德和文化素质得到持续提升，一代又一代拔尖创新人才不断涌现，中国特色社会主义教育体系更加完善，为社会发展和国家建设提供了比较充足的人力资源保障。

70 年来中国教育事业的长足发展，一方面为中国教育学的发展提供了强大的实践动力，另一方面也离不开中国教育学的发展。现代教育是一项公共事业，也是一种专业实践。教育学是研究教育问题、揭示教育规律、完善教育实践的一类实践科学。中国的教育学有其深厚的历史思想基础，古代的思想家和教育家们留下了大量珍贵的教育思想遗产，但是我国教育学成为独立的知识领域并形成学科建制，是与晚清以来中国教育现代化进程中对日本和西方的引进与学习相伴随的。在这个过程中，王国维、蒋维乔、蔡元培、胡适、陶行知、罗振玉、罗廷光、郭秉文、傅任敢、瞿菊农、杨贤江等一批学者发挥了关键作用。他们不仅将教育学及其分支领域介绍到中国，而且还致力于在借鉴国外诸多教育学科研究成果和方法的基础上，针对中国现代教育发展中的现实问题，提出自己独特的教育思想和主张，指出了教育学中国化的方向。1949 年新中国成立之后，中国的教育学研究迎来一个新的历史时期，马克思主义逐渐成为中国教育学研究的指导思想，引领和服务教育实践成为中国教育学家们的价值使命。以马克思主义为指导，新中国的教育学家们对教育的性质、地位、价值、目的、内容、方法和评价标准等各要素及其相互关系形成了崭新的认识，不断丰富中国特色社会主义教育的理论体系。1978 年改革开放之后，中国的教育学与其他学科领域一样，迎来了自己的黄金时代。在老一辈教育学家的直接领导和亲自参与下，不管是教育的历史研究还是教育的比较研究，不管是教育的理论研究还是教育的实践研究，不管是教育的宏观研究还是教育的微观研究，都取得了比较丰硕的成果。这些成果既努力继承了古今中外教育学的思想遗产，又根据时代和实践的客观需要在若干领域进行了新的开拓，对教育领域的改革和发展以及中国特色社会主义教育体系的建立和完善起到了积极的引导、支持与宣传作用。

回望 70 年来中国教育学所走过的道路，不禁令人感慨万千。这其中既有新中国刚成立时教育学家们对新教育学的憧憬与期盼，也有后来片面强调教育学中国化时期的困惑与迷茫，更有改革开放之后伴随着教育本质大讨论等所产生的一次次价值论辩和思想激荡。在这个过程中，一大批新中国成立之前的教育学家如孟宪承、毛礼锐、王承绪、陈友松、傅任敢、傅统先、王焕勋、张敷荣、刘佛年等以及新中国成立后自己培养的教育学家如黄济、瞿葆奎、王道俊、王策三、王逢贤等在教育学的各领域做出了不容否认的历史性贡献。他们高尚的道德人格、炽热的教育情怀和独立的学术观点已经构成了 70 年来乃至百十年来中国教育学传统的重要组成部分。近些年来，有关新中国成立以来老一辈教育学家教育思想的研究已经开始出现，但总体上还不够自觉、不够系统、不够深入，有待进一步加强。

值此新中国成立 70 周年之际，编撰出版纪念新中国老一辈教育学家的回忆文章具有多方面的重要意义。

首先是深切缅怀已经过世的老一辈教育学家，向他们表达由衷的敬意，感谢他们在过去 70 年甚至更长的一段时间里为中国教育学事业发展所做出的杰出贡献。这些贡献既有学科建设方面的，也有学术研究、人才培养、教育政策咨询和教育实践指导方面的，还有教育学术的国际交流与合作方面的。他们中的许多人，都是新中国成立之后特别是改革开放之后教育学科重建时期的学科带头人，也是 1980 年我国学位制度建立之后首批或最早几批的硕士生和博士生导师，为教育学的学科建设、教育人才培养以及教育学术发展做出了突出的贡献。可以说，新中国成立 70 年来，没有他们对中国教育学事业的执着努力，就没有中国教育学科的今天。

其次是集中展现老一辈教育学家的道德人格和学术追求。教育学家由于其从事研究领域的缘故，一般都具有比较高尚的人格，在教育教学和指导学生的过程中比较重视发挥自己的榜样示范作用，讲求方式方法，力行因材施教，留下了许多教育佳话和感人至深的学术故事。

这些教育佳话和学术故事能够鲜明地反映老一辈教育学家的个人风格和学问境界，能够给人以深刻的思想启迪和道德教化。编撰此书的一个最初动因也是选编者常常为这些佳话和故事所打动，深切认识到这些佳话和故事应当是中国教育学的公共财富，应当得到集体呈现并永远传承下去。

再次是激励中青年教育学人树立教育学的文化自信和学术自信。黑格尔曾经说过，哲学就是哲学史。黑格尔的大意是说，哲学是由哲学史来定义的，了解哲学史是学习和从事哲学工作的入门。这个观点也可以用于教育学与教育学史关系的处理，启迪后学由教育学史而入教育学之门。然而，由于种种复杂的原因，中国的教育学界长期存在一种轻视自己学科传统的痼疾。许多教育研究者热衷于学习和传播西方的教育理论，热衷于借鉴和应用其他人文社会科学与自然科学的理论，相比之下，对自己所在学科的理论与方法认识和继承不够，对于自己所在学科的前辈们为学科发展所做出的学术贡献讨论和研究不够，对于老一辈教育学家的道德文章更是知之甚少。这种状况在很大程度上影响了中国教育学学术传统的形成，影响了中国教育学的文化自信和学术自信。这本纪念文集的编撰虽然远不足以从根本上解决上述问题，但是希望能够提供一些思想和心理资源。

这本纪念文集中所辑录的文章，绝大部分是老一辈教育学家的弟子们所撰写，也有个别文章是他们的同事所撰写。作者们长期学习和工作在老一辈教育学家身边，对于老一辈教育学家的思想和人格有着细致的了解与切身的感受，他们讲述的故事也立体地刻画了老一辈教育学家的思想轮廓与人格肖像。这些文章，有的已经发表在国内的报刊和网络媒体上，有的是我们特约的稿件。感谢文章的作者同意我们将他们的文章辑录成册，更感谢那些在百忙当中抽出时间特别为本书撰稿的作者。大家的心愿和目的是一致的，就是通过一些以小见大的真实故事，生动展现老一辈教育学家的道德境界、教育精神和学术追求。为了使本书更加具有资料性、可读性和教育意义，编者在每一位教育学家的纪念文章前面部分还增加了"先生小传"和"先生箴言"，在文章正文中配上教育学家的工作或生活照片。这些照片来之不易，一般是由文章作者提供的，也有的是辗转从教育学家的亲属或弟子那里找到的。需要说明的是，有的教育学家去世以后有多篇纪念文章，这些文章也都很有价值，但是，限于篇幅，本书只能选择收录其中的一篇文章，其他的纪念文章读者若感兴趣可以自行去网络上查询。

编辑本书的设想得到了《教育研究》原资深编辑朱珊老师、《比较教育研究》的编辑张瑞芳老师以及郑州大学教育学院的王哲先老师的积极响应和热情支持。近一年来，她们为纪念老一辈教育学家文章的收集、整理、邀约、编辑等花费了许多的时间和精力，提出了许多良好的意见和建议，做了大量具体的工作。没有她们的参与和倾心付出，这本书不会这么快和读者见面。编辑本书的设想也得到了教育科学出版社总编室的何艺主任和学术著作编辑部的刘明堂主任的大力支持，他们对选题的高度肯定给了我们很大的鼓舞，他们严肃认真的工作态度和一丝不苟的专业精神给我们留下了深刻的印象。我感觉，他们和我们一样，满怀着对老一辈教育学家的敬意，为确保此书的编校质量做出了很大贡献。

我们特别感谢顾明远先生在百忙之中为本书作序。他在序言中高度肯定了此项工作的意义，生动回忆了他与老一辈教育学家交往的动人故事，高度概括了老一辈教育学家的人格品质与学术风范，并殷切鼓励后学向老一辈教育学家学习，为建设中国特色社会主义教育理论体系而不懈努力。我们希望本书出版以后能够成为全国高等院校教育学院（部）本科生、研究生的必读书，帮助他们由一个个生动的故事了解已经离我们而去的新中国老一辈教育学家，并由了解一个个老一辈教育学家走进新中国教育学的 70 年历史，不断增强学习和研究教育学的历史意识、学科意识和价值使命感，立志为进一步繁荣中国特色、中国气派和中国风格的教育学做出自己的努力与贡献。我们也希望本书的出版能够帮助其他人文社会科学领域的学者以及一般的社会公众了解中国教育学和中国教育学家，走进他们的生命世界，感悟他们的教育情怀和学术精神，从而促进其他人文社会科学领域的学者以及一般公众对教育学科的认知和理解。

　　饮水思源，鉴往知来。让我们以新中国成立以来的老一辈教育学家为榜样，不忘初心，牢记使命，自强不息，推陈出新，为未来中国教育学的发展做出持续不懈的努力！

石中英
2019 年 11 月 20 日

出 版 人 李 东

责任编辑 何 蕴 王晶晶

版式设计 杨玲玲

责任校对 贾静芳

责任印制 叶小峰

图书在版编目（CIP）数据

新中国教育学家肖像／石中英，朱珊主编 . —北京：
教育科学出版社，2019. 12（2020. 11 重印）
ISBN 978-7-5191-2110-5

Ⅰ . ①新…   Ⅱ . ①石… ②朱…   Ⅲ . ①教育家—生平
事迹—中国—现代   Ⅳ . ①K825. 46

中国版本图书馆 CIP 数据核字（2019）第 270814 号

新中国教育学家肖像

XINZHONGGUO JIAOYUXUEJIA XIAOXIANG

出 版 发 行	教育科学出版社			
社　　址	北京·朝阳区安慧北里安园甲 9 号	**邮　编**	100101	
总编室电话	010-64981290	**编辑部电话**	010-64989421	
出版部电话	010-64989487	**市场部电话**	010-64989009	
传　　真	010-64891796	**网　址**	http://www.esph.com.cn	
经　　销	各地新华书店			
制　　作	北京金奥都图文制作中心			
印　　刷	保定市中画美凯印刷有限公司			
开　　本	720 毫米×1020 毫米　1/16	**版　次**	2019 年 12 月第 1 版	
印　　张	20.75	**印　次**	2020 年 11 月第 3 次印刷	
字　　数	234 千	**定　价**	65.00 元	

图书出现印装质量问题，本社负责调换。